Stark und selbstbewusst während der Jobsuche

Ihr Selbsthilfe- & Motivations-Buch

Monika Harder

1. Auflage 2019

Copyright© Monika Harder & Dirk Johns

Alle Rechte vorbehalten. Vervielfältigungen, auch auszugsweise, nur mit schriftlicher Genehmigung der Autoren. Dies gilt insbesondere für die elektronische oder sonstige Vervielfältigung, Übersetzung, Verbreitung und öffentliche Zugänglichmachung.

Umschlaggestaltung: selbst sowie mit dem Kindle Cover Creator
Fotos: www.pixabay.com sowie Umschlagfoto von Gerd Altmann, Freiburg

ISBN: 9781087183916 / Imprint: Independently published

Impressum siehe unter: www.psychisch-zukunftsfit.de
Monika & Dirk Johns GbR . Friedrichshafener Straße 83 . D-88131 Lindau
info@psychisch-zukunftsfit.de • www.psychisch-zukunftsfit.de

Haftungsausschluss

Die Autorin hat bei der Erstellung dieses Buches die angegebenen Informationen und Ratschläge mit Sorgfalt recherchiert und geprüft, daher erfolgen alle Angaben ohne Gewähr. Die Autorin kann keinerlei Haftung für etwaige Schäden oder Nachteile übernehmen, die sich aus der praktischen Umsetzung der in diesem Buch vorgestellten Anwendungen ergeben.

Inhaltsverzeichnis

Widmung 7

1. Teil - Jobsuche & Wunschberuf

Warum dieses Buch? 10
Warum ich Sie begleiten möchte 12
Was mich für dieses Buch qualifiziert 13
Was dieses Buch nicht ist 14
Selbst-Test - Mentale Stärke 17
Selbst-Test - Selbstbewusstsein 19
Was wir gemeinsam erarbeiten 23
Kleine Praxis-Anleitung 28
Ihr Turbo-Verstärker Bücher-SET 29
Mein Angebot und Geschenk für Sie 30
Just do it 31
Zeit haben und sich Zeit nehmen 32
Erfolg hat drei Buchstaben = **TUN** 34
Lebe Deinen Wunschberuf 36
Sinn und Ziel des Lebens 37
Job ist nicht gleich Job 38
Lebe Deine BeRUFung, denn der Preis ist viel zu hoch! 40
BeRUFung aktiviert Lernfreude 42
Lebe Deine BeRUFung, trotz Ü45 44
Lernblockaden müssen nicht sein 45

2. Teil - Etwas Psychologie

Was ist Psychologie? 49
Welche Bedeutung hat Psychologie im Bewerbungsprozess? .. 50
Wenn ich meine Wunschfirma wäre 54
Leben ist ständige Veränderung 60

3

Sie sind nicht alleine	61
Ihre berufliche Standortbeschreibung	65
Fokus zieht Ihren Wunschberuf an	69
Ihr Fokus auf Ihren Wunschberuf wird garantiert belohnt	74
Was treibt Sie an?	77

3. Teil - A-B-C-D Zielfokus

Ein klares Ziel schafft Überzeugungskraft und selbstbewusstes Auftreten	85
(A) Ihr Ziel	86
Stufen der Wunscherfüllung	89
Erfolg hat drei Buchstaben = **TUN**	94
(B) Ihr Sagen	95
Wenn Worte Ungewolltes anziehen	98
Worte rufen Gefühle hervor	104
Die 5 Kommunikations-Kompetenzen	106
Wenn Worte uns eingrenzen und falsch gedeutet werden	108
Wortfallen und ihre Gefahren	124
Wie Sie die Energien Ihrer Worte selbst lenken	128
(C) Ihr Handeln	131
Ein klarer Plan verstärkt Ihr Handeln	136
Was Ihre Psyche JETZT dringend benötigt	137
Suchen, informieren, hospitieren, lernen = ständig TUN	144
Umgang mit Ablenkungen	145
Lebenslanges Lernen	146
Meine aktive Unterstützung für Sie	147
(D) Ihre Ängste und Zweifel	150
Selbstzweifel neutralisieren	151
Vom Zweifel zur Zuversicht und Selbstvertrauen	157
Verstärken Sie Ihr klares Ziel	165

Real - Mental > schafft Wirklichkeit 171
Gehirnforschung & Co. eröffnen weitere
Real-Mental Möglichkeiten 174

4. Teil - Psychisch TOP-FIT aktiv

Psychisch TOP-FIT zur persönlichen Vorstellung 182
Psychisch TOP-FIT durch innere Stärke 192
Sie haben die freie Wahl! 193
Psycho-Tricks für die persönliche Vorstellung 194
Psychisch und optisch TOP-FIT mit einem
professionellen ersten Eindruck 196
Absagen im Bewerbungsprozess 208
Umgang mit Absagen 209
Psychisch TOP-FIT nach Absagen 211

5. Teil - Mit innerer Stärke psychisch TOP-FIT

Rollen in unserem Alltag 219
Wenn Rollen Persönlichkeitsteile werden 221
Damit wir alle beisammen haben 225
Sind Sie bereit, wenn das Leben Sie jetzt prüft? 232
Was ist nun ein Mindset? 239
Nachhilfeunterricht für Ihr Mindset 242
Wenn es im Leben spannend wird 244
Jetzt kommen Gegenspieler 245
Optimist oder Pessimist 250
Warum ist das Leben so kompliziert? 252
NOCEBO-Effekt wird beforscht 253
Positive Absicht des NOCEBO-Effekts 255

Auf der Suche nach Selbstsabotage-Mechanismen im Bewerbungsprozess	259
Warum Optimisten im Bewerbungsprozess mehr Chancen haben	269

6. Teil - Die Praxis-Schatztruhe

Power-Fragen am Morgen	273
Wenn unser Denken Kopf steht	276
Kopf-Kino ausschalten	278
Wie Sie Ihr Selbstvertrauen stärken	285
Dankbarkeit stärkt Ihr Selbstvertrauen und macht automatisch glücklich	294
Sich selbst gut zureden	302
Körperkraft & Co. stärken	308
5-Stufen zur Ernährungs-Umstellung	319
Unsere gemeinsame Reise	323
Weil mir Ihre BeRUFung, Glück und Erfolg wichtig sind	324
Mein Geschenk für Sie	327
Wir bleiben in Kontakt	328
Link-Liste	329
Für Ihre Notizen	330
Viel Glück und ganz viel Erfolg	331

Widmung

Ich widme dieses Selbsthilfe- & Motivations-Buch all meinen Coachees, die ich während ihrer Jobsuche und oft heftigen Umbruchsphase habe unterstützen dürfen.

Dadurch, dass meine Coachees mir schnell vertraut haben, konnte ich sie während unserer gemeinsamen Zeit

- bei ihrem Stress, ihrer Wut, ihrer Frustration und Hilflosigkeit abholen,
- sie fachmännisch mit Rat und Tat begleiten,
- sich ihren Traumberuf zugestehen lernen, um diesen sich auch erfüllen zu können,
- an ihre Talente und Fähigkeiten sowie Gaben zu glauben,
- an sich selbst zu glauben und sich selbst vertrauen zu können,
- um dann mit Würde und Begeisterung ihr berufliches Ziel step-by-step leben zu können!

Ihre Erfolge und ihr wertschätzendes Feedback haben mir bestätigt, dass ich für mein Karriere-Coaching hochwirksame und individuelle zukunftsweisende Strategien entwickelt habe.

Und genau dieses Praxiswissen gebe ich Ihnen gerne in diesem Buch step-by-step weiter. Darauf freue ich mich schon!

> *Damit Sie mein Buch leicht verständlich und flüssig lesen können, habe ich mich für die männliche Anredeform entschieden. Ich bitte daher jede weibliche Leserin um ihr Verständnis.*

1. Teil

Jobsuche & Wunschberuf

Warum dieses Buch?

Danke, dass Sie sich für dieses Selbsthilfe- & Motivations-Buch

**Stark und selbstbewusst
während der Jobsuche**

entschieden haben.

Während meiner ca. 30jährigen Berufs-, Karriere- und Bewerbungs-Beratung habe ich hunderte Menschen beraten und begleitet, wie zum Beispiel Berufseinsteiger, Wiedereinsteiger, Umsteiger, krankheitsbedingte Umschüler, (Langzeit-)Arbeitssuchende sowie Studenten, Ingenieure bis hin zu Führungskräften bzw. Start-Upper.

Folgende Beobachtungen habe ich dabei gemacht:
- vielen fehlen die Basics für den zeitgemäßen Bewerbungsprozess
- Mangel an Selbstvertrauen und am Selbstwert
- Angst vor den Vermittlungsmaßnahmen der Agentur
- starke Existenzängste und Zeitdruck durch drohendes Hartz IV
- sind oft hilflos sowie plan- und orientierungslos
- gefrustet durch Mobbing und/oder Stress mit Vorgesetzten
- sind enttäuscht und deprimiert, weil sie wegen betrieblicher Umstrukturierungsmaßnahmen gekündigt worden sind uvm.

- die meisten nehmen gleich das erstbeste Jobangebot, obwohl es nicht Ihren Erwartungen und Fähigkeiten entspricht
- trauen sich nicht, sich Ihren Wunschberuf zu erfüllen
- haben Angst davor, sich selbst verwirklichen zu können

Lassen Sie mich hier Ihr Helfer, Motivator und Mentor sein. Ich unterstütze Sie tatkräftig, dass Sie an sich selbst sowie Ihre Talente und Fähigkeiten glauben können. Sie haben es verdient, Ihren Wunschberuf auch aktiv leben zu können.

> Gerade jetzt, während ich an diesem Buch schreibe, begleite ich eine sehr intelligente, zielstrebige, taffe Business-Frau (mit einem 4-jährigen Sohn). Ihren langjährigen Beruf, als Führungskraft bei einer Bank, wollte sie nicht mehr ausüben. Und das besprochene Endziel ist nun "Fernstudium zur Bilanzbuchhalterin, evtl. bis zur Steuerberaterin". Auf aktuelle Stellenanzeigen bewirbt sie sich trotzdem, auch wenn es nicht unbedingt mit Ihrem Berufsziel zusammen passt. Warum das? Weil sie lieber einen Job macht als gar keinen, auch wenn sie hierfür überqualifiziert und total unterbezahlt ist.
>
> Meine dringende Botschaft an sie war: **Bleiben Sie unbedingt sich selbst und Ihrem Ziel treu!**

Warum eine **Zielklarheit** und eine klare Selbstverpflichtung so wichtig sind - und wie das geht, das erkläre ich Ihnen hier step-by-step!

Warum ich Sie begleiten möchte

Wenn Sie gerade

- ➢ arbeitssuchend sind oder frisch gekündigt worden sind, oder auch nach einer längeren Auszeit wieder ins Berufsleben einsteigen möchten,
- ➢ wäre es ganz gut, einen professionellen Coach zur Seite zu haben, der sich mit den aktuellen Bewerbungstrends auskennt und
- ➢ der Sie anspornt und Mut macht, der Ihre Talente und Fähigkeiten herauskitzelt und
- ➢ auch für Sie da ist, wenn Sie enttäuscht, frustriert oder orientierungslos sind, oder sich alleingelassen fühlen.

Durch all diese Höhen und Tiefen habe ich meine Coachees begleitet. Und diese waren stets froh und dankbar, dass sie mit mir damit nicht alleine waren.

Vielleicht werden Sie auch feststellen, dass das Verhältnis zu Ihrer Familie, zu Ihren Freunden und zu Ihren Bekannten angespannt ist. Einerseits wollen diese Ihnen helfen und andererseits sind auch sie oft rat- und hilflos.

Ich habe gerade in dieser Zeit hierfür all mein praktisches Fachwissen aufweisen können, gepaart mit Empathie, Verständnis und viiiiieeeeel Motivation. Dabei konnte ich schon oft mit kleinen hilfreichen Tipps und neuen Sichtweisen Mut machen, für sich selbst und für eine optimale berufliche Ausrichtung. **Seien Sie also gespannt!**

Was mich für dieses Buch qualifiziert

Profitieren Sie von meinem Know-how. Als Praktikerin habe ich den richtigen Riecher für die berufliche Positionierung meiner Coachees entwickelt. Weil mir das Beste für meine Teilnehmer stets wichtig ist, erkenne ich intuitiv, wo jetzt in der Karriereberatung die richtigen sinnvollen und machbaren Stellschrauben zu aktivieren sind. Dabei fungiere ich auch gerne als Mentor für noch brachliegende Talente und Fähigkeiten, die jetzt erfüllt werden wollen.

Hier noch ein paar Fakten über meine Kompetenzen:

- Vor über 30 Jahren habe ich mir meinen Traum erfüllt und mich mit meinem damaligen Schreib- und Büroservice selbständig gemacht. Während dieser Zeit habe ich 3 Bürogehilfinnen ausgebildet und teilweise bis zu 9 Teilzeitkräfte beschäftigt gehabt.
- Irgendwann hatte ich mich zum Bewerbungs-Experten entwickelt und damit viele Berufsstarter, Berufswechsler, Wiedereinsteiger, Quereinsteiger, Schwerbehinderte sowie Studenten bis hin zu Führungskräften begleitet und unterstützt.
- Seit ca. 9 Jahren bin ich (über einen Bildungsträger) Job-Coach in der Einzelberatung, für die Agentur für Arbeit.
- Außerdem schöpfe ich aus über 20 Jahre Coaching-Erfahrung für Lebens- und Krisenberatung, Veränderungs- und Selbst-Management sowie Gesundheits-Beratung.
- Und seit ca. 6 Jahren haben wir (mein Partner und ich) unser Psychisch-ZukunftsFIT Prozess-Coaching entwickelt.

www.psychisch-zukunftsfit.de

Profitieren Sie jetzt von meinem vielseitigen und praktischen Know-how.

Was dieses Buch nicht ist

Dieses Buch ist keine Anleitung
- zur Berufsfindung und -orientierung,
- für das Erstellen einer schriftlichen Bewerbung,
- für die telefonische und persönliche Vorstellung ...

In diesem Buch bekommen Sie von mir all mein praktisches Wissen, damit Sie **stark und selbstbestimmt - während Ihrer Jobsuche -** Ihren Wunschberuf bekommen.

Trotz alledem werden wir hier und da einige Bewerbungsaspekte von der psychologischen Seite her beleuchten und wie Sie dabei besonders psychisch TOP-FIT, die oben genannten Vorbereitungen, erfolgreich durch psychische Stärke, Selbstbewusstsein und auch Mut umsetzen können.

Für die Erstellung von Bewerbungsunterlagen werden Sie sicherlich viele Bücher und Informationen auf dem freien Markt finden.

Wenn Sie sich - kostenfrei und unverbindlich - unter
www.zeit-zum-neustart.de/Job-FIT
eintragen, bekommen Sie mein **Basis Profi-Bewerbungs-E-Book** geschenkt (siehe auch Link-Liste ab Seite 328).

Räumen Sie mit den folgenden Mythen auf

Vielleicht hören und lesen Sie hier und da folgende Aussagen oder schlimmer noch, Sie denken das selbst über Ihre Bewerbungssituation. Lassen Sie uns deshalb step-by-step mit den folgenden Mythen (Märchen) aufräumen:

- *Es gibt einfach zu viele Bewerber oder zu wenige Stellenangebote für meinen Wunschberuf ...*
- *Ich bin zu alt ...*
- *Mir fehlen wichtige Qualifikationen ...*
- *Ich bin einfach überqualifiziert ...*
- *Ich muss die erstbeste Zusage einfach nehmen, weil ich nicht weiß, ob noch etwas besseres nachkommt ...*
- *Ich bin doch zu alt zum Lernen oder für einen Berufswechsel ...*
- *Weil ich XY-Nationalität habe, kann ich meinen Wunschberuf nicht verwirklichen ...*
- *Ich stelle mir einfach das Allerschlimmste vor und bin dann froh, wenn es nicht so schlimm kommt!*

Wo ein Wille sowie Überzeugung und Begeisterung sind, da gibt es auch immer einen Weg!

Wie fühlen Sie sich gerade jetzt?

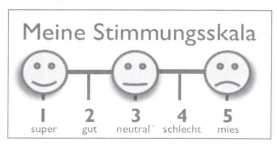

Gerade jetzt fühle ich mich *(bitte eine Ziffer oben auswählen)* _____

Mit mentaler Stärke und Selbstbewusstsein sich selbst führen ...

Mentale Stärke

Mentale Stärke ist heute doch eher ein Begriff, den wir so nicht in unserem Sprachgebrauch verwenden, viel weniger bewusst leben. Wenn Sie als Kind mental starke Vorbilder hatten, dann leben Sie automatisch diese Fähigkeiten.

Wie sieht es gerade jetzt mit Ihrer mentalen Stärke aus? Machen Sie hierzu bitte den folgenden Test:

Meine mentale Stärke ...	☺ trifft voll zu	😐 neutral	☹ trifft nicht zu
Für Selbstmitleid, jammern und mich bedauern verschwende ich keine Zeit			
Ich gebe die Zügel nicht aus meiner Hand			
Ich kann gut und gerne mit Veränderungen umgehen			
Ich verschwende keine Energie und Zeit für Dinge, die ich nicht kontrollieren kann			
Ich weiß, dass ich es nicht allen recht machen kann			
Ich gehe angstfrei auch Risiken ein			
Ich kann Vergangenes gut loslassen			
Ich lerne aus meinen Fehlern und wiederhole diese nicht mehr			
Ich gönne anderen ihren Erfolg			
Ich gebe nach einem Fehler nicht auf!			
Ich bin mit mir auch einmal gerne alleine			
Ich weiß, dass das Leben mir nichts schuldet und bin dankbar für das was so ist			
Ich weiß, dass Erfolg durch Üben entsteht			

Bitte reflektieren Sie die obige Auswertung. Wie sieht Ihr Endergebnis aus?

Sie haben in den folgenden Spalte überwiegend angekreuzt ...

☺ ***trifft voll zu*** > dann gratuliere ich Ihnen
☻ ***neutral*** > hier geht sicherlich noch etwas mehr
☹ ***trifft nicht zu*** > dann haben Sie eine super gute Entscheidung getroffen, dieses Buch zu kaufen und durchzuarbeiten.

Wir werden am Schluss unserer gemeinsamen Reise nochmals diesen Test durchführen. Sie werden dann sicherlich feststellen, dass sich Ihre mentale Stärke wesentlich verbessert hat!

Wie fühlen Sie sich, in Bezug auf Ihre mentale Stärke, nach diesem Test?

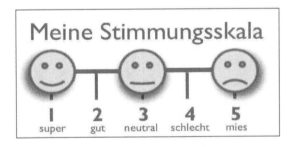

Gerade jetzt fühle ich mich *(bitte eine Ziffer oben auswählen)* _____

Begründung _____

_____

Selbstbewusstsein

Das Wort **Selbstbewusstsein** ist heutzutage in aller Munde. Nur, haben Sie sich schon einmal gefragt, was einen selbstbewussten Menschen ausmacht?

Dann lassen Sie uns hierzu doch gleich einen Test machen:

So sehe ich mich ...	☺ trifft voll zu	😐 neutral	☹ trifft nicht zu
Ich weiß, was ich will und stehe dazu			
Ich brauche niemanden beindrucken			
Ich stehe zu meinen Gefühlen und kann diese auch anderen mitteilen			
Ich mag mich und meinen Körper			
Ich weiß, dass ich es nicht allen recht machen kann und muss			
Ich konzentriere mich auf das, was ich will bzw. was mir wichtig ist			
Ich mache das, was für mich wichtig ist			
Ich stehe zu meinen Ängsten und lasse mich von ihnen nicht beeinträchtigen			
Ich plane wohl überlegt meine Zukunft			

Wenn Sie die vorige Tabelle mit Ihren Bewertungen reflektieren, wie selbstbewusst sehen Sie sich, was fällt Ihnen hierzu spontan ein?

Ich sehe mich folgendermaßen in meinem Selbstbewusstsein ...

Unter **dem eigenen Selbstbewusstsein stärken** verstehe ich, dass Entscheidungen, die für uns wichtig und wohl überlegt sind, gleichzeitig auch mit den damit Betroffenen stimmig sind.

> Je mehr Sie aus Ihrer **mentalen Stärke** und Ihrem **Selbstbewusstsein** schöpfen können, umso klarer und fokussierter werden Sie Ihren idealen Job bekommen und leben können!

Bei unserer gemeinsamen Reise werden wir zusammen Ihre mentale Stärke und Selbstbewusstsein toppen!

Das Leben ist
zu kurz für
den falschen Job!

Warum also noch lange im falschen Job stecken bleiben?

Ein Job, den man nicht liebt, wird schlecht bezahlt, macht Stress, führt zu Burnout, bringt Konflikte, Mobbing und obendrein noch Krankheiten (Bluthochdruck, Magenbeschwerden, Herzinfarkt uvm.).

<u>Jetzt</u> ist die Gelegenheit gekommen, sich Ihrer Talente und Fähigkeiten bewusst zu werden und diese tagtäglich mit viel Freude, Begeisterung, Erfolg und bester Bezahlung uvm. umsetzen zu können!

Was wir gemeinsam erarbeiten

In diesem Buch werden wir gemeinsam erreichen, dass Sie ...
- mental stärker und selbstbewusster denken, handeln und fühlen und Sie stets mit einer starken Ausstrahlung überzeugen
- mehr an sich und Ihre Talente und Fähigkeiten glauben
- sich selbst vertrauen und mutig zu Ihrem Wunschberuf stehen
- mit innerer Klarheit, Stärke und Zuversicht einen Sog für Ihren idealen Wunschberuf schaffen
- dabei unbewusste Selbstsabotage-Mechanismen aufdecken und neutralisieren
- selbstbewusst und begeistert im Bewerbungsprozess überzeugen
- step-by-step sämtlichen Bewerbungsherausforderungen stark und selbstbewusst sowie mit Begeisterung begegnen werden

Jetzt ist die allerbeste Zeit für die folgenden Vorgehensweisen, die ich mit Ihnen schrittweise erarbeite:
- ✓ sich Zeit nehmen zur Selbstreflektion
- ✓ Fragen beantworten und immer wieder
- ✓ mit der Stimmungsskala in sich hinein fühlen
- ✓ sich selbst zum Handeln anspornen
- ✓ Eintragungen über Ihre Erfolge tätigen uvm.
- ✓ Ihre Ideen mit einer Selbstverpflichtung verknüpfen und diese innerhalb 72 Stunden anzufangen bzw. auch umzusetzen

Wenn Sie dieses Buch gekauft haben, dann gehe ich davon aus, dass Sie bei Ihrem beruflichen Werdegang nicht unbedingt steil die Karriereleiter hinauf gekommen sind.

Sicherlich haben sich hier und da kleine Umleitungen, eventuell sogar kleinere Rückschritte etc. eingeschlichen.

Bitte überlegen Sie bitte kurz, was Sie sich von diesem Selbsthilfe- und Motivations-Buch wünschen.

Ich wünsche mir von meinem neuen Buch, dass ...

_____

_____

_____

_____

_____

Warum Handschreiben psychisch TOP-FIT macht

Vielleicht denken Sie: Ich mag nicht gerne schreiben. Das ist mir einfach zu mühsam oder geht mir viel zu langsam.

Leider ist das ein zunehmender Trend, dass wir immer weniger von Hand schreiben. Gerade in der digitalen Welt wird nicht mehr viel von Hand geschrieben. Immer weniger Menschen nehmen sich noch Zeit, ein handschriftliches Tagebuch oder Erfolgs-Tagebuch zu führen.

US-Forscher haben jedoch herausgefunden, dass sich unser Gehirn Inhalte besser und schneller merken kann, wenn wir bei Vorträgen oder Besprechungen von Hand mitschreiben. **Zusammenfassend:** Der Handschreiber versteht die Inhalte besser und kann sich diese auch länger merken. Die Lernforschung bestätigt zudem, dass unser Gehirn stets auf Lernen programmiert ist. Also unser Gehirn lernt gerne, es nimmt auch alles rasend schnell auf, jedoch lässt es sich leider leicht ablenken.

Darum profitieren Sie am meisten von diesem Selbstcoaching-Buch, gerade bei den tieferen Fragen und den Listen etc., wenn Sie sich wirklich die Zeit nehmen und diese gleichzeitig handschriftlich ausfüllen. Wenn Sie mit dem Buch schneller vorankommen möchten, dann können Sie auch jederzeit schon angefangene Listen zeitverzögert noch ausführlicher beantworten.

Ihre Hand-Schreib-Zeit ist wahre Zeit für Sie selbst

Wenn Sie dabei noch eine schöne Musik hören, oder auf der Terrasse sitzen, oder gemütlich auf dem Sofa sitzen, schenken Sie Ihrer Psyche und Seele ganz viel Selbstentwicklungszeit, Harmonie und Wohlbefinden.

ALSO: Schenken Sie sich diese wertvolle Zeit! - *JETZT geht es nur um Sie! Sie sind es sich wert, sich Ihre Gedanken, Gefühle, Ideen, Wünsche und Träume aufzuschreiben.*

Bitte notieren Sie sich stichwortartig, Ihre Selbstverpflichtung

👍	*Ich verpflichte mich jetzt zu ...*

Was ist eine Mindmap und wie wird eine Mindmap gelesen

In diesem Buch habe ich einige komplexe Zusammenhänge zur besseren Übersicht als Mindmap erstellt.

Was ist Mind-Mapping bzw. eine Mindmap?

> Eine MindMap (siehe unten) ist eine gehirn-gerechte Übersichtsdarstellung. Die Kombination der bildlichen Darstellung, mit den verschiedenen Zweigen, kann sich unser Gehirn einfach besser einprägen. Eine MindMap wird wie eine Uhr gelesen. Sie fangen dabei oben rechts bei 1 Uhr an (siehe roten Pfeil) und lesen dann jeden folgenden Zweig weiter, also 1. Zweig = MindMapping / 2. Zweig = Was? / 3. Zweig = Ablauf usw.

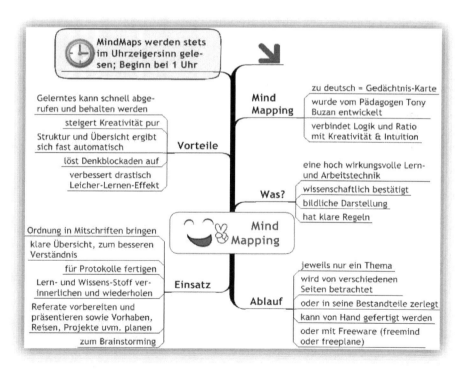

Kleine Praxis-Anleitung

Benutzen Sie bitte täglich Ihr neues Selbsthilfe- & Motivations-Buch, damit Sie dann auch den größten Nutzen haben.

Falls Sie in der Zwischenzeit Ihren Wunschberuf gefunden haben, können Sie trotzdem an diesem Buch weiter arbeiten. Die hier angegebenen Selbsthilfe- und Motivations-Tipps und Anleitungen funktionieren auch für den ganz normalen Alltag.

Hier ein paar Variationen, wie Sie mit diesem Buch arbeiten können:

- *Sie können sich gerne Seite für Seite durcharbeiten*
- *und parallel dazu regelmäßig meine Anregungen, beispielsweise für das schriftliche Festhalten Ihrer Tages-Selbstverpflichtung bzw. Tages-Erfolge und Ereignisse, für die Sie dankbar sind.*
- *Oder Sie wählen im Inhaltsverzeichnis die Punkte aus, die Sie gleich angehen wollen.*
- *Sie haben das Buch durchgearbeitet und suchen sich nachträglich die Praxis-Tipps heraus, die jetzt gerade für Ihre Situation wichtig sind.*
- *Oder Sie schauen gleich in den Praxis-Teil, damit Sie die praktischen Selbsthilfe-Tipps sofort einsetzen können und lesen dann dieses Buch von Anfang an zeitverzögert weiter.*
- *Gerne können Sie sich auch die **Dankbarkeits-Listen** und **Mut-Mach-Listen** heraus kopieren und täglich beide, oder abwechselnd jeweils nur eine Liste, ausfüllen. Sie werden feststellen, dass schon alleine diese Schreibübungen Ihnen ein gutes Gefühl sowie Hoffnung und Zuversicht schenken werden!*

Ihre 2 Turbo-Verstärker Kombi-Bücher
während Ihrer Jobsuche und Neuorientierung

Für dieses Buch habe ich zusätzlich ein **12 Wochen Selbsthilfe-Erfolgs-Turbo Notiz-Buch** für Ihre Ideen und Erfolge sowie Selbstverpflichtungen uvm. entwickelt.

1 x Selbsthilfe-Buch

Ihre zwei wichtigsten Buch-Begleiter während Ihrer Jobsuche sind Ihre besten Freunde:

1 x Notiz-Buch

- ✓ sie **helfen** Ihnen immer
- ✓ sie **unterstützen** Sie
- ✓ sie schenken Ihnen **Mut**
- ✓ sie **glauben** an Sie
- ✓ sie **inspirieren** Sie und
- ✓ sind immer für Sie da!

Die vorgegebenen Tabellen und Listen werden Ihre mentale **Stärke** und Ihr **Selbstbewusstsein** optimieren. Dabei können Sie sich buchstäblich Ihren Traumjob, bei Ihrer Wunschfirma, mit den idealen Rahmenbedingungen, herbei wünschen bzw. schreiben und fokussieren.

Mein Angebot und Geschenk für Sie

Sie sind eine ganz besondere Persönlichkeit ...

- weil Sie wirklich stark und selbstbestimmt bei Ihrer Jobsuche aktiv sein wollen, haben Sie dieses Buch gekauft
- Zusätzlich haben Sie das von mir hierfür entwickelte
  Mein Selbsthilfe- & Motivations-Notizbuch
  gekauft, um mit einem Turbo-Verstärker Ihr Ziel auch wirklich erreichen zu können!

Wenn Sie mir dann einen Nachweis über die zwei Buchverkäufe bringen, schenke ich Ihnen unser **mind-set-movie** (im Wert von 14,90 € incl. e-book zur Vertiefung) als Belohnung, weil Sie wirklich selbstaktiv der Chef Ihres Lebens sein wollen! Ab Seite 174 erkläre ich Ihnen, was **mind-set-movies** sind und wie diese ganz einfach wirken ...

Senden Sie mir die zwei Zahlbelege bitte an info@psychisch-zukunftsfit.de, und Sie erhalten umgehend kostenfrei das **mind-set-movie** Video

Just do it

Erlauben Sie mir bitte, dass ich Sie immer wieder an Ihre Bewerbungsaktivitäten und Ihre Erfolgs- und Selbstreflektions-Notizen erinnere. So werde ich Sie in diesem Buch immer wieder mit dem obigen Zeichen an Ihre To-Do's erinnern.

Vertrauen Sie darauf, dass Sie mit Ihren handschriftlichen Notizen und Selbstreflektionen motiviert und selbstbewusst step-by-step Ihren Zukunftsfokus verstärken!

Dann legen wir jetzt los, mit dem berühmten Nike Spruch

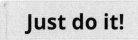

Zeit haben und sich Zeit nehmen

... ist hier nur eine Frage Ihrer Priorität!

Zeit ist heute ein unbezahlbarer und wichtiger Faktor für Lebensqualität, Muse, Selbstbesinnung und harmonisches Miteinander. Zeit, die Sie in sich selbst investieren, zum Beispiel zum Entspannen, zur Selbstreflektion, zur Weiterbildung, zum Lesen uvm. ist die beste Investition in sich selbst.

Darum schenken Sie sich diese Zeit, hier mit Ihrem Selbsthilfe- & Motivations-Buch zu arbeiten. Sie werden sicherlich dadurch reichlich dafür belohnt!

Fakt ist doch,

- *dass Sie jetzt gerade nicht arbeiten,*
- *dass Sie diese fehlende Arbeitszeit jetzt zur freien Verfügung haben und*
- *dass Sie jetzt eine klare Orientierung und Strategie benötigen, um psychisch TOP-FIT Ihren Wunschberuf erreichen zu können!*

Falls Sie sich jedes Mal aufraffen müssen, mit diesem Buch zu arbeiten, kann dies eventuell ein Zeichen sein, dass in Ihnen Selbstverhinderungs-Mechanismen aktiv sind. Hierzu werde ich Ihnen später noch einiges erklären.

Kennen Sie die 72-Stunden-Regel?

Sie werden sicherlich hier und da gute Ideen haben, die Sie gerne umsetzen wollen. Dabei ist es wichtig, dass Sie erstens diese Ideen aufschreiben und zweitens diese Ideen innerhalb der **72-Stunden-Regel** mit wenigstens einem ersten Schritt beginnen, umzusetzen. Eine Studie hat ergeben, dass wir einen guten Vorsatz nur dann umsetzen, wenn wir innerhalb dieser 72-Stunden-Regel beginnen! Überlegen Sie bitte, ob das für Sie so Sinn macht?

Meine Ideen und Vorsätze - JETZT ...

Erfolg hat drei Buchstaben = **TUN**

Bitte beantworten Sie die Fragen und prüfen Sie, wie zufrieden Sie mit Ihren derzeitigen Bewerbungsaktivitäten sind?!

✓	To-Do und Aktivitäten	Anzahl
	In diesem Buch gelesen und die Inhalte bearbeitet	
	Recherche aktueller Stellenanzeigen (Presse, Internet)	
	• Bewerbung auf Stellenanzeigen	
	Recherche über Wunschberuf	
	Recherche möglicher Wunschunternehmen	
	• Initiativ-Bewerbungen versenden	
	Anrufe bei Wunschfirma	
	Kontakte gesammelt zur Weiterempfehlung über soziale Netzwerke (XING, LinkedIn, Facebook …)	
	Weiterbildungsaktivitäten bzw. Kompetenzen erweitern	
	weitere Fähigkeiten für Wunschberuf aneignen	
	sonstige Aktivitäten aus meinem (D) Handlungsplan	
	Sonstiges	

Zum Wünschen gehört auch aktives TUN!
Sind Sie mit Ihren derzeitigen Aktivitäten zufrieden?

Wunschberuf?! Was ist das?

Lebe Deinen Wunschberuf

Ich selbst bin das lebende Beispiel für einen typisch missglückten Berufsstart. Keine Ahnung über Berufsbilder und Arbeitsalltag, hatte ich gleich den falschen Beruf gewählt. Ich war für diese Ausbildung total überqualifiziert. Trotzdem hatte ich durchgehalten und meine Ausbildung erfolgreich abgeschlossen. Jahrelang hatte ich mich, parallel zu meiner Berufstätigkeit, auf eigene Kosten ständig weitergebildet.

Jede weitere Weiterbildung hatte mich dann wieder für eine neue und bessere Stelle qualifiziert, bis ich dann, als Schreibdienstleiterin bei der AOK Hauptzentrale in Ulm, für ein IBM-Textverarbeitungssystem von einer Freiberuflerin eingearbeitet wurde. Diese Frau war um einiges älter als ich. So, wie ich sie wahrgenommen hatte, keimte in mir dadurch der Gedanke auf: "Wenn diese Frau von Ihrer Selbständigkeit leben kann, kann ich das auch!"

Gesagt - getan, Schritt für Schritt hatte ich meinen Plan in die Selbständigkeit umgesetzt. Damals gab es noch keine Computer, sondern Textautomaten, und die Firmen hatten bei Arbeitsüberlastung ihre Schreibarbeiten zu Schreib- und Bürodienstleistern ausgelagert. Das war meine Zeit! Ich hatte mein Hobby - Schreibmaschinen schreiben mit Herz und Verstand - in meiner Selbständigkeit mit Leib und Seele voller Begeisterung umgesetzt.

Der Plan war geboren und das Leben hatte mir so viele Chancen geboten, dass ich - obwohl ich im ländlichen Raum in unserem Haus aktiv war - zeitweise bis zu 9 Hausfrauen in Teilzeit, fast rund um die Uhr, und 3 Azubis zur Bürokauffrau beschäftigt hatte. Auch in dieser Zeit (nun als Mutter zweier Söhne) hatte ich mich stets weiter entwickelt. Denn als Selbständige darf man immer mit der Zeit gehen, wie zum Beispiel "Sekretärinnen-Coaching am Arbeitsplatz", Direktmailing-Expertin, Hobby-Werbetexterin sowie BDVT-Trainerin und heute als Psychisch-ZukunftsFIT Coach ...!

Also glauben Sie mir bitte, ich lebe, was ich Ihnen hier lehre!

Sinn und Ziel des Lebens

 Oskar Wilde (Schriftsteller 1854-1900) hat zum Sinn des Lebens die folgende Aussage geformt:

> *Ziel des Lebens ist Selbstentwicklung. Das eigene Wesen völlig zur Entfaltung zu bringen, das ist unsere Bestimmung!*
>
> *Sowie, damit verbunden, die möglichst umfassende Ausschöpfung der individuell gegebenen Möglichkeiten und Talente.*

Um unseren **Lebenssinn** auch verwirklichen zu können, brauchen wir hierfür Raum für Selbstwirksamkeit, Selbstliebe und Würde für uns selbst und alle Lebewesen, wie zum Beispiel:

- ✓ mit sich selbst, den Mitmenschen, der Natur und täglichen Aufgaben im Einklang zu sein
- ✓ neugierig auf das Leben sein, mit Lust und Freude am Lernen
- ✓ sich täglich weiter zu entwickeln und stets ein Stück über sich hinauszuwachsen
- ✓ verbunden mit Verantwortung für seine Gedanken, Gefühle, Handeln und Überzeugungen zu sein sowie
- ✓ mit dem Schutz der Tiere und die Natur.

Job ist nicht gleich Job

Je besser Sie qualifiziert sind, umso schneller können Sie wieder einen Job finden. Doch oftmals ist das nur ein Job, mit dem Sie nicht unbedingt langfristig glücklich sein werden.

Ich rede in diesem Buch von Ihrem **Wunschberuf**, in dem Sie
- Ihre BeRUFung und Bestimmung leben können,
- Sie all Ihre Talente und Fähigkeiten mit Freude einsetzen können,
- auf gleicher Augenhöhe geachtet, gewertschätzt und respektiert werden,
- Sie tagtäglich gefordert werden und
- Sie sich dadurch stets mit Begeisterung weiterentwickeln können uvm.

Falls Sie das Gefühl haben, dass Sie bis jetzt nicht unbedingt Ihren idealen Job ausgeübt haben, dann sind Sie nicht alleine.

Nur Sie alleine können JETZT die richtigen Weichen stellen, dass Sie Ihren idealen Wunschberuf mit den optimalen Rahmenbedingungen leben können.

> Genau das ist mein tiefster Wunsch und Absicht, Sie auf diesem Weg mit all meinem Wissen, Schaffensfreude, meiner jahrelanger Praxiserfahrung uvm. begleiten zu dürfen!

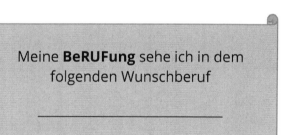

Wer bin ich?
Wer will ich sein?
Was will ich?
Was kann ich?
... und was ist dabei möglich und machbar?!

Meine **BeRUFung** sehe ich in dem folgenden Wunschberuf

_____

oder in dem weiteren Wunschberuf

_____

*Falls Sie sich über Ihre BeRUFung noch nicht klar sind, dann begleite ich Sie gerne mit meiner **ganzheitlichen BeRUFungs-Beratung**.*

*Meine **5er Potenzial-Entwicklungsmethode** schafft Ihnen Klarheit zu Ihrer wahren BeRUFung und Selbstverwirklichung.*

Lebe Deine BeRUFung, denn der Preis ist viel zu hoch!

Auf der unteren Übersicht sehen Sie vier verschiedenen Job-Variationen. Bitte prüfen Sie, in welchen beruflichen Situationen Sie sich bis jetzt erlebt haben.

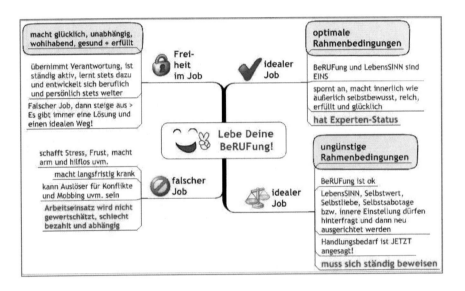

Zu der oberen MindMap sehe ich mich ...

Egal, in welcher BeRUFungs-Stufe Sie sich gerade befinden, jeder Mensch kann sich seinen Wunschberuf verwirklichen.

Haben Sie bis jetzt Ihren idealen Job, mit den idealen Rahmenbedingungen (gehabt), dann gratuliere ich Ihnen von Herzen!

Ist Ihr (voriger) Job soweit ok gewesen und waren die Rahmenbedingungen jedoch nicht so ideal, dann sind Sie jetzt gefordert, diese Situation selbstaktiv zu ändern.

Sind Sie bis jetzt im falschen Job gewesen, dann sind Sie nicht alleine. Wie viele junge Menschen haben sich bei ihrer Berufsstarter-Phase auf die Meinung der Eltern, Lehrer, Berater oder auch Computer-Berufsanalysen verlassen.

> Jetzt ist der beste Augenblick, an Ihrer beruflichen Situation etwas zu ändern! Lassen Sie uns gleich starten …

Der Preis ist einfach zu hoch! Jeder Tag im falschen Job
- macht langfristig krank (Magen, Herz, Psyche, Rückenprobleme uvm.),
- kostet unendlich viel Kraft und Lebensfreude
- belastet Sie und Ihr Umfeld
- macht unglücklich, orientierungs- und lustlos und zieht
- automatisch Probleme, Pech und Pannen an und
- minimiert schleichend Ihren Selbstrespekt, Selbstliebe und
- lässt Sie mut- und ratlos im Alltagstrott verharren

BeRUFung aktiviert Lernfreude

Wir leben jetzt im Wissenszeitalter. Und wer heute Wissen hat, hat somit auch die MACHT über
- seine beruflich gesicherte Zukunft
- mehr Chancen und Freude an Veränderung
- einen Expertenstatus, der gut und gerne bezahlt wird
- neue Möglichkeiten, sich Zukunftstrends anzupassen, um sich neu zu positionieren uvm.

Diese Lernfreude und den Wissensdrang habe ich jedoch bei meinen Coachees nicht unbedingt beim ersten Kennenlern-Gespräch entdecken können. Wenn ich sie auf mögliche Weiterbildungsangebote angesprochen habe, wie sie sich beruflich noch besser positionieren könnten, habe ich meistens folgende Argumente gehört:
- *daran habe ich noch gar nicht gedacht*
- *da bin ich doch zu alt dafür*
- *ich weiß gar nicht, was ich noch lernen bzw. verbessern könnte/sollte*
- *dafür habe ich kein Geld*
- *bei mir in der Nähe gibt es keine Möglichkeiten*
- *wo könnte ich dann etwas lernen*
- *ich möchte doch nur wieder einen Job uvm.*

Besonders, wenn Sie schon jahrelang gearbeitet und Sie regelmäßig Steuern bezahlt haben, können Sie eine bezahlte Qualifizierungsmaßnahme von der Agentur für Arbeit beantragen, oder bei Ihrer Steuererklärung absetzen.

Weiterbildungs- bzw. Qualifizierungsmaßnahmen

Im Kapitel (C) HANDELN werde ich Ihnen noch weitere Lern-Möglichkeiten aufgezeigen.

Ihre Weiterbildungskosten werden eher bezuschusst, wenn
- Sie im Vorfeld intensiv recherchieren, welche Kurse Sie gerne besuchen möchten, die nah an Ihrem Berufsbild sind,
- wählen Sie mindestens drei Kurse von verschiedenen Anbietern aus, mit Kosten, Dauer und Inhalten und legen diese bei einem persönlichen Gespräch **schriftlich** vor,
- erklären Sie in einem persönlichen Gespräch mit Ihrem Agentur-Berater, dass Sie mit einer Weiterbildungsmaßnahme bessere Chancen haben, eine Stelle zu bekommen und auch schneller und langfristig in Arbeit bleiben können.

Das Amt möchte selbst auswählen können, wenn es Ihnen eine Qualifizierung bewilligt. Sie dürfen auch damit rechnen, dass Ihr Sachbearbeiter Ihnen eine eigene Variante vorschlägt. Das kann Ihnen ja egal sein, Hauptsache Sie bekommen den Bildungsgutschein.

Achten Sie bitte bei Ihrer Recherche darauf, dass dieses LOGO bei jedem Weiterbildungsangebot dabei steht oder zusätzlich vermerkt ist, dass es von der Agentur bezuschusst wird.

BUNDESWEIT AZAV ZUGELASSENER TRÄGER

Lebe Deine BeRUFung, trotz Ü45

Lebenslanges Lernen gilt auch für Ü45!

Mit Ü45-Lernpower werden Sie kein Alzheimer bekommen können, denn Ihre Gehirnzellen werden beim Lernen ständig so aktiviert und angespornt, sodass sich neue Synapsen (also Gehirn-Verschaltungen) bilden, verbinden und vermehren können.

Aktuelle Studien zeigen, dass ein lernendes Gehirn länger jung bleiben kann und Sie also geistig und körperlich FIT halten wird.

Denken Sie bitte auch einmal darüber nach: Wenn Sie 45 Jahre alt sind oder auch schon älter: Wie viele Jahre haben Sie bis zu Ihrer wohl verdienten Rente? Bei 45 Jahren sind dies mindestens 20 Jahre, und bei über 50 Jahren sind es trotzdem noch mindestens 15 Jahre bis zur Rente.

JETZT ist die beste Gelegenheit beruflich nochmals richtig durchzustarten. Denn, wenn Sie sich ständig beruflich weiter bilden, werden Sie zusätzlich mit einer höheren Rentenzahlung belohnt!

> **Noch ein kleiner TIPP und meine Erfahrung:**
> Sie werden einen Bildungsgutschein eher bekommen, wenn Sie für sich beschlossen haben, dass Sie diese Qualifizierung zur Not auch selbst bezahlen!

Lernblockaden müssen nicht sein

Ich habe mein Leben lang schon gerne und leicht gelernt, jedoch nur, wenn es mich interessiert hat und ich einen praktischen Bezug dazu sehe.

Pauken, Auswendiglernen und Textaufgaben waren für mich der Horror. Unbewusst hatte ich mir schon als junges Mädchen in der Schule beigebracht, wie ich zu dem Lernstoff einen praktischen Bezug schaffen konnte.

Leider war und ist unser Schulsystem nicht so aufgebaut, dass lernen Spaß machen kann. Darum haben sich bei vielen Menschen aus dieser Zeit starke, innere Lernblockaden entwickelt, die jedoch so nicht bleiben müssen.

Wenn Sie nämlich diese alten, unberechtigten Lernängste oder auch Prüfungsängste überwunden haben, werden Sie feststellen, dass Lernen richtig Spaß machen kann.

Dank neuer Erkenntnisse aus der Lernforschung gibt es einfache Methoden, Lernblockaden leicht und einfach auflösen zu können.

Ich bin ausgebildeter wingwave Coach.
wingwave® ist ein beforschtes Kurzzeit-Coaching, welches nachhaltig Lernblockaden auflöst

Denken Sie bitte an Ihre To-Do's und Ihre Vorsätze!

Meine Powersätze

✓ Mit meiner neuen mentalen Stärke und super Selbstbewusstsein kann ich mir meinen Wunschberuf mit den idealen Rahmenbedingungen verwirklichen!

✓ Mir gefällt die Vorstellung, dass ich mit Freude und Leichtigkeit gerne lerne und mit meinem Expertenwissen ein gefragter und bestbezahlter Mitarbeiter bin.

2. Teil

Etwas Psychologie

Etwas Psychologie schafft Ihnen ungeahnte Vorteile

Was ist Psychologie?

Was ist eigentlich mit Psychologie gemeint? Wikipedia erklärt Psychologie folgendermaßen:

> *Die Psychologie ist eine empirische Wissenschaft. Ihr Ziel ist es, menschliches Erleben und Verhalten, deren Entwicklung im Laufe des Lebens sowie alle dafür maßgeblichen inneren und äußeren Ursachen oder Bedingungen zu beschreiben und zu erklären. Das Wort Psychologie bedeutet Seelenkunde (abgeleitet von griechisch **psyche** = Hauch, Seele, Gemüt / **-logie** = als Lehre bzw. Wissenschaft).*

Vor vielen Jahren noch war einem Arbeitgeber die Psyche seiner Mitarbeiter nicht so wichtig. Der Mitarbeiter hatte seine angewiesene Arbeit zu tun und musste einfach funktionieren. Und dieser hatten es auch selbstverständlich so getan. Da musste man auch noch keine Bewerbungsunterlagen erstellen und aufwendige Bewerbungsprozeduren über sich ergehen lassen.

In der neuen Berufswelt interessiert den Arbeitgeber immer mehr, was für ein Mensch sein Mitarbeiter ist. Auch Mitarbeitern ist es heute wichtig, was für ein Mensch der Chef bzw. wie menschlich das ganze Unternehmen ist.

- *Arbeitgeber wollen also fitte, qualifizierte und engagierte Mitarbeiter, die besonders belastbar und psychisch stabil sind.*
- *Mitarbeiter wollen familienfreundliche, soziale und zuverlässige Unternehmen, die gute Arbeit bestens entlohnen uvm.*

Welche Bedeutung hat Psychologie im Bewerbungsprozess?

Laut BKK Gesundheitsreport 2018 ist der Anteil der psychischen Arbeitsunfähigkeitsbescheinigungen in den vergangenen 40 Jahren von 2 % auf 16,6 % gestiegen.

- Die psychisch bedingte Krankheitsdauer beträgt hier durchschnittlich 38,9 Tage und ist somit 3 x so hoch, wie bei anderen Erkrankungen mit durchschnittlich 13,2 Tagen.
- Psychische Erkrankungen sind heute die zweithäufigste Diagnosegruppe.
- Stressbedingte Krankheiten, aufgrund seelischer Leiden, Frühberentungen etc., sind in den letzten 22 Jahren von 18,6 auf 43 % angestiegen, wobei das Durchschnittsalter bei 48,3 Jahren liegt (laut Deutsche Rentenversicherung).

Unternehmen und besonders die Krankenkassen werden mit den psychischen Ausfällen der Mitarbeiter und den damit stark erhöhten Ausgaben besonders beansprucht. Die Regierung hat hier dementsprechend entgegen gesteuert. Die Überlegung dabei war: Wo sind die Menschen die meiste Zeit? **Bei der Arbeit**, also soll sich doch der Arbeitgeber um die Psyche seiner Mitarbeiter kümmern.

Vielleicht haben Sie in diesem Zusammenhang schon etwas von **§ 4 Abs. 4 ff. Psyche im Arbeitsschutz oder betriebliches Gesundheitsmanagement** gehört?

Nach dieser neuen gesetzlichen Vorlage ist also ein Unternehmer für die psychische Gesundheit seiner Mitarbeiter verantwortlich. Ob ein Unternehmen dieser neuen Verantwortung auch nachkommt, wird dann von den Berufsgenossenschaften geprüft. Bei Zuwiderhandlungen muss ein Unternehmer eventuell mit hohen Strafen rechnen.

Auch die Arbeitsgerichte orientieren sich stark an dem **§ 4 Abs. 4 Psyche im Arbeitsschutz** und verhängen Unternehmern immer größere Strafen, wenn ein Arbeitnehmer zum Beispiel wegen Mobbing, Stress und Überlastung etc. hier gegen seinen Arbeitgeber prozessiert. Das kann für Unternehmer, teilweise auch für deren Personalverantwortlichen etc. richtig teuer werden. Sie werden bei Zuwiderhandlungen nicht nur strafrechtlich, sondern auch zivilrechtlich zur Rechenschaft gezogen.

Das hat im Gegenzug dazu die Unternehmer veranlasst, gerade was die Psyche seiner Mitarbeiter betrifft, akut dagegen zu steuern. Bekannt ist vor allem, dass Angestellte mit Führungsverantwortung oft in die Psycho-Falle geraten. Daher werden hier Bewerber bewusst auf ihre psychische Belastbarkeit, bzw. auf verdeckte psychisch-gesundheitliche Aspekte geprüft, wie zum Beispiel mit folgenden Verfahren:

- Einstellungstests *(mit versteckter psychologischer Deutung, die erschreckend viel über den Bewerber aussagen, was der Bewerber selbst so noch nicht über sich selbst gewusst hat, aber absolut zutreffend ist)*
- Onlinefilter *(bei fast allen Onlinebewerbungen über die Firmenportale, sind unterschiedliche Filter eingebaut, die mehr über Sie verraten, als Ihnen evtl. lieb ist)*

- Physiognomie-Deutung *(hier kann ein passiver Mitwirkender beim Vorstellungsgespräch, anhand äußerer Signale wie Nasenform, Mundfalten etc. im Gesicht sowie Gesichtsform, besondere Charaktermerkmale und verborgene Krankheiten erkennen)*
- Ihre ganz normalen Bewerbungsunterlagen *(gerade aus Ihren Bewerbungsunterlagen kann sehr viel über Ihre psychische Situation herausgefiltert werden, besonders über Angaben, die Sie evtl. ganz bewusst nicht machen)*

Sind Sie mit mir daher gleicher Meinung, dass es doch Sinn macht, wenn wir genau aus diesem Grund Ihre Psyche TOPFIT für Ihre Bewerbungsphase machen? Dann lassen Sie uns gleich gemeinsam weiter vorgehen.

Anhand dieser Tatsachen stellen Unternehmen auch ganz bestimmte Anforderungen an ihre Mitarbeiter bzw. Bewerber, die neu eingestellt werden sollen.

In sämtlichen Stellenausschreibungen werden die jeweiligen Anforderungen des neuen Mitarbeiters sehr umfangreich dokumentiert.

Hier gilt unter anderem die ganz einfache Regel:

- **Arbeitgeber bietet** Gehalt und weitere zusätzliche Leistungen
- **Arbeitnehmer gibt** dafür seine Schaffenskraft, mit den hierzu passenden Erfahrungen, Fähigkeiten, Fachkenntnissen und innovativen Ideen uvm.

Und genau dieses **Geben und Nehmen** können Sie bei den gängigen Stellenausschreibungen bzw. den Anforderungsprofilen bzw. auf deren Internetseiten herausfiltern.

Beide Seiten - Arbeitgeber wie Arbeitnehmer - haben also ganz bestimmte Erwartungen an den Anderen!

Folgende Ideen zur Psychologie im Bewerbungsprozess möchte ich innerhalb 72 Stunden anfangen bzw. umsetzen ...

_____

_____

_____

_____

_____

Wenn ich meine Wunschfirma wäre

Sicherlich haben Sie jetzt ganz bestimmte Erwartungen und Vorstellungen, wie Ihr Wunschjob bzw. Ihre Wunschfirma sein soll.

Ich wünsche mir, bei meiner Wunschfirma, mit meinem Wunschjob, folgendes ...

_____

_____

_____

_____

_____

Wir Menschen haben meistens den Hang dazu, uns selbst wichtiger zu nehmen. Dabei achten wir oft unbewusst weniger auf die Bedürfnisse unsere Mitmenschen. Dieses Phänomen erkennen wir zum Beispiel in der Partnerschaft, mit Freunden und Arbeitskollegen. Besonders, wenn die/der Andere sich darüber beschwert, dass er sich ausgenutzt oder nicht gewertschätzt fühlt, wissen Sie, dass Sie in dieser vorgenannten Falle stecken.

Damit **Geben und Nehmen im Gleichgewicht** sein können, fragen Sie sich nun bitte:

Was bin ich dafür bereit, meiner zukünftigen Wunschfirma mit meinem Wunschberuf zu geben ...

_____

_____

_____

_____

_____

Je mehr Sie auf **die Balance zwischen Geben und Nehmen** achten, und dies auch für Sie selbstverständlich ist, umso eher werden Sie Ihren Wunschberuf bei Ihrer idealen Wunschfirma auch anziehen und bekommen.

Ein kleiner Rollentausch schafft Klarheit

Kann es sein, dass Sie sich jetzt fragen, warum ich Sie auf diesen Aspekt von **Geben und Nehmen** hinweise?

Meine Beobachtung war in den vielen Bewerbungs-Coachings, dass Coachees im Bewerbungsprozess auf eine Balance von Geben und Nehmen nicht unbedingt sensibilisiert sind.

Der Mitarbeiter der Zukunft, wird jedoch in seiner Rolle als Angestellter mit ganz neuen Herausforderungen konfrontiert. Auf diesen Zusammenhang komme ich daher immer wieder in diesem Selbsthilfe-Buch.

Bitte überprüfen Sie daher einmal Ihre Bewerbungsunterlagen bzw. all Ihre Bewerbungsprofile, in Ihren sozialen Netzwerken auf das **Gleichgewicht von Geben und Nehmen**.

Wie soll das gehen?

Ganz einfach:

- Sie stellen sich einmal ganz intensiv vor: Sie sind der **Einsteller** und Sie lesen Ihre Bewerbungsunterlagen mit dessen Erwartungen an den Bewerber.
- Sie tun so, als ob Sie die **Brille des Einstellers** aufsetzen und mit seinen Augen, Gedanken, Gefühlen und seinem unternehmerischen Know-how intensiv Ihre Bewerbung lesen.

Fragen zu Ihrer schriftlichen Bewerbung:

Wie ist der erste Eindruck im groben und optischen Überblick?
Was lesen Sie zwischen den Zeilen?
Welche unbewussten Signale senden Sie (z. B. "Ich brauche diesen Job")
Können Sie überzeugen, dass Sie der ideale Mitarbeiter sind?!

_____

_____

_____

_____

_____

_____

_____

_____

_____

_____

_____

Korrigieren Sie gegebenenfalls nach

Haben Sie hierzu ungünstige Formulierungen in Ihrer Bewerbung gefunden, dann optimieren Sie diese bitte. Sie werden feststellen, dass Ihre Bewerbungsunterlagen danach noch besser beachtet werden.

Was ich meinen Coachees stets plausibel machen konnte, ist, dass Bewerbung (mit all seinen Facetten) Psychologie pur ist. Und genau hierauf habe ich meine Coachees stets sensibilisiert.

Falls Sie diese Erkenntnisse aus diesem Rollentausch für Ihre Bewerbungsunterlagen nicht so einfach umsetzen können und nicht wissen, was Sie hierbei alles zu beachten bzw. zu verändern haben, helfe ich Ihnen gerne.

Ich helfe Ihnen gerne, bei der Nachbearbeitung Ihrer Bewerbungsunterlagen

Im Laufe dieses Buches bekommen Sie noch weitere praktische Tipps und Anregungen.

Also bleiben Sie bitte aktiv dran!!

Wer will,
findet Wege,
wer nicht will,
findet Gründe

Leben ist ständige Veränderung

*Fürchte dich nicht vor Veränderung,
eher vor dem Stillstand!* (aus Japan)

Mit unserem Leben ist es wie mit dem Wetter:

Nach Sonnenschein kommt ganz sicher wieder Regen. Und nach einem stürmischen Gewitter oder Regen, kommt dann irgendwann wieder die Sonne.
Und genauso verläuft unser Leben. Manchmal haben wir Sonne im Herzen und ein andermal tobt ein Gewitter im Kopf, verbunden mit Turbulenzen im Bauch oder Winde im Darm.

Haben Sie schon einmal versucht mit dem Wetter zu verhandeln? Das Wetter können wir also nicht beeinflussen. Daher haben wir lernen dürfen, uns dem Wetter anzupassen und uns dementsprechend anzuziehen.

Genauso ist es jetzt in Ihrer jetzigen **Job-Veränderungs-Situation**. Sie sind jetzt unerwünschten Turbulenzen ausgesetzt. Und nun ist es wichtig die richtigen "Kleider" also, die hier aufgezeigten Selbsthilfe-Strategien anzuwenden. Denn auch für Sie wird wieder die **Wunsch-Job-Sonne** scheinen! Freuen Sie sich bereits jetzt schon darauf!

Sie sind nicht alleine

Wie heißt doch das Sprichwort: "Ein Unglück kommt selten alleine!". Genau mit diesem geballten Krisencocktail werden gerade Arbeitssuchende oft überfallen:

- zur Kündigung kommt noch privater Stress mit der Familie
- die Firma schließt und ein Umzug wird notwendig
- Sie haben einen Unfall (evtl. mit Führerscheinentzug) und Sie werden deshalb gekündigt
- es hat sich eine Depression durch Mobbing am Arbeitsplatz eingeschlichen
- durch schwere Krankheit können Sie nicht mehr Vollzeit arbeiten
- Berufe sterben aus oder minimieren sich gerade in Ihrer Region
- ein beruflicher und finanzieller Absturz ist nicht aufzuhalten, weil Sie in der Zeitarbeitsvermittlungs-Schleife stecken
- Ausbeutung durch Unterbezahlung uvm. sowie
- Scham niemandem etwas von seiner Arbeitslosigkeit zu sagen

Solche oder ähnliche Situationen können einen schon psychisch, besonders auch emotional und energiemäßig sowie gesundheitlich aus der Bahn werfen. Und gerade in so einer Situation will keiner hören: *"Das geht wieder vorüber. Mach dir doch keine Sorgen!"*

Trotz alledem bringt es Ihnen wirklich nichts, jetzt mit Ihrem Schicksal zu hadern.

Wie fühlen Sie sich gerade jetzt, wenn Sie an Ihre berufliche Zukunft denken?

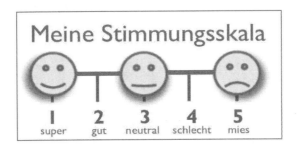

Wenn ich an meine berufliche Zukunft denke, fühle ich mich *(bitte eine Ziffer oben auswählen)* _____

Begründung _____

_____

Wofür können Sie, trotz Ihrer momentan herausfordernden Situation, jetzt gerade dankbar sein?

Fünf Argumente, für die ich gerade jetzt, in diesem Zusammenhang, dankbar bin

_____

_____

_____

_____

_____

Um uns psychisch TOP-FIT in die Zukunft, mit dem super tollen Wunschberuf, frei und selbstbestimmt entwickeln zu können, reflektieren wir gemeinsam die wichtigsten Schaltstellen, parallel zum Bewerbungsprozess
- Ihr Denken
- Ihr Vertrauen in sich selbst
- Ihr Handeln
- Ihre Selbstbestimmung

Stufe für Stufe erleben Sie mit einfachen Praxis-Tipps, wie Sie
- ✓ *frei*
- ✓ *selbstbestimmt*
- ✓ *harmonisch*
- ✓ *glücklich und*
- ✓ *zukunftsfit*

der eigene Chef in Ihrem Leben (beruflich wie privat) werden können!

Wie das geht und was Sie aktiv dafür tun können, zeige ich Ihnen hier step-by-step und besonders im **6. Teil - Die Praxis-Schatztruhe.**

Dann lassen Sie uns jetzt gleich weiter machen …

Eine kleine Standort- beschreibung

Ihre berufliche Standortbeschreibung

Bevor wir gemeinsam Ihre Reise stark und selbstbewusst während Ihrer Jobsuche starten, lassen Sie uns Ihre derzeitige Startsituation reflektieren.

Bitte beantworten Sie die folgenden Fragen:
Falls Sie gerade nicht arbeitssuchend sind, dann reflektieren Sie hierfür Ihre vorige Arbeitssituation.

Wo stehe ich …?	☺ super	😐 neutral	☹ schlecht
mein Job ist (war) …			
meine Tätigkeit ist (war) …			
das Arbeitsumfeld ist (war) …			
meine körperliche Belastbarkeit ist (war) …			
meine Kollegen sind (waren) …			
die Vorgesetzte(n) sind (waren) …			
das Gehalt ist (war) …			

Reflektieren Sie bitte diese Erkenntnisse mit Ihrer bisherigen Bewerbungsstrategie. Haben Sie diese Aspekte mit beachtet?

Überlegen Sie bitte noch einmal kurz wie Sie Ihre früheren Tätigkeiten empfunden haben. Was waren Ihre Erfahrungen in Ihrem vorigen Job? Welche Erwartungen hatten Sie beim damaligen Jobbeginn und wie wurden diese erfüllt oder nicht erfüllt. Nehmen Sie sich hierzu bitte etwas Zeit …

☺	positiv war …	
☺	mittelmäßig war …	
☹	unschön war …	

Wir werden später in diese Themen nochmals reflektieren.

Worin könnte bei Ihrer momentanen Arbeitssuche Ihre Chance stecken?

Haben Sie sich schon einmal Gedanken gemacht, was Ihnen Ihre momentane berufliche Situation eventuell sagen will? Welche Gedanken haben Sie hierzu? Stichworte genügen ...

_____

_____

_____

Können Sie Ihre momentane berufliche Situation eventuell als eine Chance sehen, um einmal in Ruhe Ihre berufliche Zukunft ganz neu zu hinterfragen? Ist das wirklich (noch) Ihr Job? Führen Sie Ihren Job aus, nur um Geld zu verdienen? Oder möchten Sie (vielleicht auch tief in Ihrem Inneren) Ihre BeRUFung leben können?
Notieren Sie hierzu bitte in Stichworten, welche Chancen Sie jetzt sehen.

_____

_____

_____

Wie Ihr Wunschberuf wahr werden kann ...

Fokus zieht Ihren Wunschberuf an

Lassen Sie uns hierzu einmal optimistisch und zuversichtlich in Ihre Zukunft schauen.

Wie sähe Ihr Berufsalltag aus, wenn Sie eines Morgens aufwachen und ein Wunder geschehen wäre. Sie würden genau so leben, wie Sie es sich schon immer erträumt haben:

Stellen Sie sich jetzt in Ihrem Wunschberuf in allen Einzelheiten vor:

Woran erkennen Sie, dass dieses Wunder geschehen ist?

_____

_____

_____

_____

Was sehen Sie?

_____

_____

_____

_____

Was hören Sie?

_____

_____

_____

_____

Was fühlen Sie in sich selbst bei Ihrer Wunschtagesarbeit?

Welche Veränderungen haben sich nun in Ihrem ganzen Leben ergeben?

Was hat sich in Ihren Beziehungen dabei verändert? *(Partner, Familie, Freunde ...)*

_____

_____

_____

_____

Welche Veränderungen haben sich dabei in Ihrer finanziellen Situation ergeben?

_____

_____

_____

_____

Wie hat sich Ihre gesundheitliche Situation entwickelt?

Wenn Sie sich einmal energielos, verzweifelt und mutlos fühlen sollten, dann lesen Sie sich bitte diese Eintragungen immer wieder laut vor. Sie können die positive Wirkung außerdem verstärken und festigen, wenn Sie sich regelmäßig, vor dem Einschlafen, diese Aussagen laut vorlesen.

Wie fühlen Sie sich gerade jetzt?

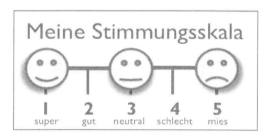

Wenn ich mich so richtig in meinen zukünftigen Wunschberuf mit allen Sinnen hineinprojiziere, dann fühle ich mich

(bitte eine Ziffer oben auswählen) _____

Ihr Fokus auf Ihren Wunschberuf wird garantiert belohnt

Vielleicht fragen Sie sich: *Ich möchte doch nur einen Job, bei dem ich gut verdiene, ich sicher bin und in Ruhe meine Arbeit machen kann. Warum soll ich mir überhaupt die Mühe und den Aufwand antun, um meinen idealen Wunschberuf bekommen zu können?*

Lassen Sie sich bitte von den folgenden Aussagen inspirieren und motivieren:

Menschen, die ihren Wunschberuf - mit sämtlichen Konsequenzen und Verpflichtungen - leben, werden mit folgenden Qualitäten reichlich beschenkt:
- *Ihre Lebensqualität steigt*
- *Sie werden sich immer gesünder und vitaler fühlen*
- *Ihr Erfolgspegel wird immer größer*
- *Ihr Selbstwertgefühl wächst*
- *Sie sind ein Vorbild, besonders für Ihre Kinder und Ihr Umfeld*
- *Sie werden geachtet, gewertschätzt und respektiert*
- *grenzenlose Power und Kreativität lässt Sie in Ihrem Wunschberuf immer mehr zum gefragten Experten weiter entwickeln*
- *Sie lernen viel und gerne*
- *Sie arbeiten effektiver und effizienter, bei mehr freier Zeit*
- *Ihr Geist ist frei und inspiriert sowie offen für Spaß und Freude*
- *sie fühlen sich bereichert mit vielen unbegrenzten Möglichkeiten*

Sind das Optionen, die Sie sich gerne auch für Ihr Leben wünschen? Glauben Sie daran: **Wünsche können wahr werden!**

Notieren Sie sich bitte, warum Sie es wert sind, ab sofort (bzw. ab diesem neuen Job) Ihre BeRUFung leben zu können:

Ich bin es wert, meine BeRUFung leben zu können, weil ...

Sind Sie mutig, sprechen Sie mit sich, wie mit einer allerbesten Freundin oder Freund, der es sich nicht traut an sich zu glauben:

👍	***Ich mache mir selbst MUT***

> Einen Vorsprung im Leben hat, wer da anpackt, wo die anderen erst einmal reden *(John F. Kennedy)*

Was treibt Sie an?

Welche Kraft hat Sie in Ihrem vorigen Job jeden Morgen aus dem Bett getrieben? Was könnte das für eine Kraft gewesen sein? Diese Kraft wird auch **Motiv** genannt.

> *Wikipedia schreibt hierzu: Als Motiv wird in der Psychologie eine relativ stabile Persönlichkeitseigenschaft bezeichnet, die beschreibt, wie wichtig einer Person eine bestimmte Art von Zielen ist ... Motive werden auch als Komponenten der Selbststeuerung angesehen, die eine kreative und flexible (sich an neue Situationen anpassende) Bedürfnisbefriedigung ermöglichen, und darüber hinaus dieses Bestreben unterstützen. Dabei spielen das eigene Selbstbild, selbstdefinierte Ziele, individuelle und kulturelle Werte sowie soziale Rollen etc. eine große Rolle.*

Möchten Sie gerne Ihre beruflichen Motive herausfinden?

Dann lassen Sie uns doch bitte gleich gemeinsam einen **beruflichen Motive-Test** machen.

Diesen Test können Sie gerne auch mit Freunden, Bekannten und Kollegen machen. Sie werden dabei im Nachhinein feststellen können, warum Sie mit Arbeitskollegen hier und da Meinungsverschiedenheiten hatten, oder Sie gewisse Verhaltensweisen nicht nachvollziehen konnten. Wenn Sie Ihre eigenen Motive im Berufsalltag kennen und die Motive Ihrer Kollegen, werden Sie einiges ganz anders sehen und verstehen können.

Lassen Sie uns jetzt loslegen!

Unsere 10 Berufs-Motive, die uns antreiben

Bitte benoten Sie jedes Motiv und tragen dies in der unteren Tabelle in der rechten Spalte ein

1 = *ist mir sehr wichtig bis* *6* = *ist mir vollkommen unwichtig.*

	Welche Motive bestimmen Ihr Handeln?	Note
1	**Wissen** *(will viel lernen und dies auch im Beruf ein- und umsetzen können und möchte sich stets weiter entwickeln)*	
2	**Macht** *(strebt nach Erfolg, Leistung, Führung und will Einfluss haben)*	
3	**Ordnung** *(strebt nach Stabilität, Klarheit, Übersicht und guter Organisation)*	
4	**Anerkennung** *(strebt nach sozialer Annahme, Zugehörigkeit zu einer Gruppe und braucht für seinen Selbstwert ständig Bestätigung)*	
5	**Risiko** *(will Neues und Unbekanntes ausprobieren, verlässt sich eher auf seine Intuition und Bauchgefühl und weniger auf seine Logik)*	
6	**Prinzipien Treue** *(baut auf alt Bewährtes und will dies stets so beibehalten)*	
7	**Status** *(strebt nach Ruhm, Reichtum, Titeln und öffentlicher Aufmerksamkeit)*	
8	**Beziehungen** *(strebt nach Harmonie im Team, Freundschaft, Freude, Humor)*	
9	**Wettkampf** *(braucht Herausforderungen, will kämpfen können, bringt vollen Einsatz, um Gewinner zu sein)*	
10	**Freiheit** *(will selbst bestimmen können, wann und wo und wie er sich engagiert)*	

Jetzt zur Auswertung: Gehen Sie folgendermaßen vor:
- *übertragen Sie in der unteren Übersicht zu dem jeweiligen Motiv Ihre Note aus der Vorderseite*
- *machen Sie dabei einen Punkt in das jeweilige Kästchen*
- *verbinden Sie die Punkte der verschiedenen Spalten mit einem Strich*

Note										
1										
2										
3										
4										
5										
6										
Motiv	1	2	3	4	5	6	7	8	9	10

Schauen Sie sich nun die verbundenen Linien an, wo diese nach oben bzw. nach unten gehen und lassen diese Spitzen und Täler von **ist mir sehr wichtig bis ist mir vollkommen unwichtig** auf sich wirken.

Anhand dieser Skala erkennen Sie genau, wie stark Ihre einzelnen Motive sind. Bitte merken Sie sich Ihre zwei wichtigsten Motive für die weiteren Stufen, die wir gemeinsam miteinander erarbeiten.

Nun prüfen Sie weiter, ob Ihre Wertespitzen mit Ihrem beruflichen Ziel übereinstimmen? Wenn nein, dann justieren Sie bitte nach. Sie werden sicherlich auf den weiteren Seiten noch gute Ideen und Impulse hierzu finden.

Bitte notieren Sie hier, was Ihnen zu dem vorigen Test alles spontan einfällt. Haben Sie Ihre Motive wirklich so gesehen? Haben Sie Ihre zwei Hauptmotive in Ihrem vorigen Job überhaupt so verwirklichen können?

_____

_____

_____

_____

_____

_____

_____

_____

_____

_____

Wie fühlen Sie sich gerade jetzt?

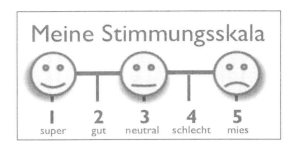

Wenn ich mir jetzt meine zwei wichtigsten beruflichen Motive bewusst mache, fühle ich mich *(bitte Ziffer oben auswählen)* _____

👍	**Wie ich meine Motive jetzt umsetze**
	_____
	_____
	_____
	_____
	_____

**Denken Sie bitte an Ihre
To-Do's und Ihre Vorsätze!**

Meine Powersätze

✓ Ich gebe gerne 120 % in meinem neuen Job, weil ich weiß, dass Gewinner stets die extra Meile gehen.

✓ Mir gefällt die Vorstellung, dass ich mit diesem neuen psychologischen Wissen im Bewerbungsprozess, die besten Chancen für meine ideale Anstellung habe.

✓ Ich bin es wert, meinen Wunschberuf bei meinem idealen Unternehmen auszuüben.

3. Teil

A-B-C-D Zielfokus

Wenn der Mensch
kein Ziel hat,
ist ihm jeder Weg
zu weit *(unbekannt)*

Ein klares Ziel schafft Überzeugungskraft und selbstbewusstes Auftreten

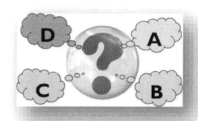

*Wenn Sie **A wünschen** und **B sagen** und dann **C tun** und außerdem **D fürchten** ...*

Was soll Ihnen dann Ihr Leben bringen? Und wie soll es Ihnen wirklich helfen können, wenn Sie Ihrem Leben keine klaren Vorgaben machen?

Bitte prüfen Sie für sich die obigen Wolken und machen sich hierzu ein paar Notizen (je ehrlicher umso wirkungsvoller!).

Was ist Ihr klares Ziel bzw. Wunschberuf?	**Ihr Ziel** A
Sind Ihre Worte hierzu positiv, motivierend und begeisternd? Hört auch wirklich jeder was Ihr Ziel bzw. Wunschberuf ist?	**Ihr Sagen** B
Wie handeln Sie? Was tun Sie aktiv, um Ihr berufliches Ziel zu erreichen? Sind Sie hierfür wirklich aktiv?	**Ihr Tun** C
Was sind Ihre Ängste und Befürchtungen? Fühlen Sie sich wirklich wert, glücklich und erfüllt Ihren Wunschberuf leben zu können?	**Ihre Ängste** D

Ihr Ziel

Unser Leben meint es immer gut mit uns. Wenn Sie nicht Ihre wirkliche BeRUFung leben und sozusagen im **falschen Arbeitszug** sitzen, wird Ihnen das Leben wichtige Signale schicken, dass es höchste Zeit zum Umsteigen (also für eine Veränderung) ist. Umsteig-Signale können zum Beispiel sein: ständige Konflikte mit Chefs und Kollegen, eine Kündigung, ein Umzug, eine Krankheit, ein Unfall, eine Lebenskrise uvm. Genau bei solchen *Haltestations-Situationen* ist es unbedingt wichtig, Ihre private und berufliche Lebenssituation neu zu hinterfragen.

Die Frage **Wofür?** kann Ihnen hierbei wichtige Erkenntnisse liefern und Ihnen neue Sichtweisen schenken, wie zum Beispiel:

Wofür bin ich in diese berufliche Situation gekommen *(also Kündigung, Umzug, Krankheit, Unfall etc.)*

_____

_____

_____

Schaffen Sie sich bitte unbedingt Klarheit für Ihr Ziel!
Wenn Sie hierzu Hilfe benötigen, berate ich Sie gerne!

Ein Fixstern stärkt Ihren Zielfokus

Ein Fixstern ist das,
- ✓ was Sie in Ihrem Leben erreichen möchten
- ✓ wofür Sie brennen, was Ihnen **Sinn** macht
- ✓ was Ihnen am allerwichtigsten ist
- ✓ worauf Sie Lust und Spaß haben
- ✓ worauf Ihr Fokus ausgerichtet ist …

> **Was genau ist Ihr Fixstern,
> Ihr innerer Motor,
> Ihr Stehaufmännchen?**

Bitte notieren Sie, was für Sie Ihr Fixstern sein könnte und vergleichen diesen mit Ihrem Wunschberuf und Ihre beiden Motive. Passen diese auch zusammen?

_____

_____

_____

Sie haben jetzt ein Ziel und Sie stärken Ihren **Fixstern**, verbunden mit Ihrem **Wunschberuf** und Ihrem **Zielfokus**.

Auch wenn es banal klingt, braucht jede Veränderung, jeder Fixstern, jeder Wunsch **MUT**. Und damit Ihre MUT-Energien step-by-step wachsen können, werden wir Ihre **MUT-Energien** an den richtigen Schaltstellen in diesem Buch aktivieren.

Schreiben Sie sich hier doch gleich auf, wie Sie sich selbst Mut machen können. Wenn Ihnen hierzu nicht viel einfällt, fragen Sie doch eine Person Ihres Vertrauens, wie diese Ihnen MUT für Ihren Wunschberuf zusprechen würde. Ein paar Stichworte hierzu reichen schon!

	Ich mache mir selbst MUT

Stufen der Wunscherfüllung

Damit sich ein Wunsch, ob beruflich oder privat erfüllen kann, dürfen Sie die hier aufgeführten Regeln beachten.

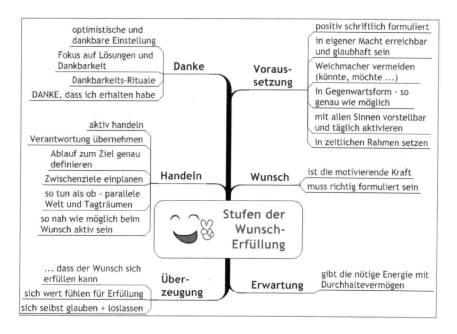

Wir vertiefen jetzt die oben genannten Stufen:

Voraussetzung: Glauben Sie daran, dass Sie bei der Jobsuche für Ihren Wunschberuf erfolgreich sein können?

_____

_____

_____

Zielbeschreibung: *Formulieren Sie Ihre Zielbeschreibung so positiv und kraftvoll wie Sie nur können ...*

Wunsch: *Notieren Sie jetzt, welche Kraft Ihnen Ihre vorher beschriebene Zielformulierung gibt und was Sie evtl. noch mehr begeistern könnte ...*

Sie können Ihren Wunsch mit ganz einfachen Selbsthilfe-Techniken verstärken und als motivierende Kraft einsetzen! Wie das geht erfahren Sie später, besonders im **6. Teil - Die Praxis-Schatztruhe.**

Erwartung: Glauben Sie daran, dass Sie bei Ihrer Jobsuche erfolgreich sein können?

_____

_____

_____

Überzeugung: Können Sie wirklich daran glauben, dass Sie Ihr beruflich gestecktes Ziel auch sicher erreichen können?- Fühlen Sie sich wirklich wert, Ihren Wunschberuf leben zu können?

_____

_____

_____

_____

Wie fühlen Sie sich gerade jetzt?

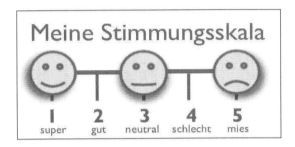

Wenn ich die vorgenannten Stufen reflektiere, fühle ich mich
(bitte eine Ziffer oben auswählen) _____

Begründung _____

_____

Vielleicht haben Sie bei den vorigen Selbstreflektionen festgestellt, dass Ihre Voraussetzung, Wunsch, Erwartung und Überzeugung für Sie noch nicht unbedingt zu 100 % überzeugend sind. Dann werde ich Sie auf den weiteren Seiten dabei tatkräftig unterstützen.

> *Genau aus diesem Grund zeige ich Ihnen auf den folgenden Seiten und besonders **im Praxisteil**, wie Sie sich selbst schnell und hoch wirksam helfen können.*

Ihr Ziel

Denken Sie bitte an Ihre To-Do's und Ihre Vorsätze!

Meine Powersätze

✓ Es ist meine feste Absicht, dass ich mit meinem Zielfokus und den Stufen der Wunscherfüllung meine ideale Arbeitsstelle bekomme.

✓ Für die Stufen meiner Wunscherfüllung werde ich mir aus dem Praxis-Teil die für mich passenden Selbsthilfe-Tools aussuchen und auch aktiv ausführen.

Erfolg hat drei Buchstaben = **TUN**

Bitte beantworten Sie die Fragen und prüfen Sie, wie zufrieden Sie mit Ihren derzeitigen Bewerbungsaktivitäten sind?!

✓	To-Do und Aktivitäten	Anzahl
	In diesem Buch gelesen und die Inhalte bearbeitet	
	Recherche aktueller Stellenanzeigen (Presse, Internet)	
	• Bewerbung auf Stellenanzeigen	
	Recherche über Wunschberuf	
	Recherche möglicher Wunschunternehmen	
	• Initiativ-Bewerbungen versenden	
	Anrufe bei Wunschfirma	
	Kontakte gesammelt zur Weiterempfehlung über soziale Netzwerke (XING, LinkedIn, Facebook …)	
	Weiterbildungsaktivitäten bzw. Kompetenzen erweitern	
	weitere Fähigkeiten für Wunschberuf aneignen	
	sonstige Aktivitäten aus meinem (D) Handlungsplan	
	Sonstiges	

Zum Wünschen gehört auch aktives TUN!
Sind Sie mit Ihren derzeitigen Aktivitäten zufrieden?

Ihr Sagen

Was sagen Sie zu sich selbst? Was hören andere von Ihnen, was oder wie Sie über Ihr berufliches Ziel sprechen? Hören Sie sich oft sagen, dass Sie Zweifel haben, oder dass Sie **_hoffen_** diese oder jene Stelle zu bekommen?

_____

_____

_____

_____

Was müssten Sie definitiv öfters zu sich selbst und zu anderen sagen, dass Ihre Aussagen auch zu Ihrem Ziel passen? Also sagen Sie genau, was Sie wirklich wollen! Nur so kann Ihnen Ihr Leben Ihren Berufswunsch auch erfüllen.

_____

_____

_____

_____

Nicht haben wollen
zieht Negatives an!
Was willst DU
also anstatt?

Spreche und Denke in Lösungen

Negative Aussagen begleiten uns meist schon ein Leben lang. Unsere Erziehung, Erfahrungen und besonders die Medien tun ihr Bestes dazu, dass wir früher oder später voll automatisiert und unreflektiert überwiegend negativ denken und sprechen.

Die folgenden Aussagen bestätigen diesen unbewussten negativen Mechanismus in unserem Denken und Sprechen:

- Nur keine Panik.
- Lass das ja nicht fallen.
- Vergiss das bitte nicht uvm.

Und was passiert: die Panik kommt, die Tasse fällt auf den Boden und der Partner vergisst den wichtigen Termin!

Welche ähnlichen Aussagen fallen Ihnen hierzu ein?

Mit der folgenden Technik können Sie sich selbst helfen, negative Aussagen bzw. negative Gedankenschleifen zu stoppen, um aus diesen herauszukommen.

Wenn Worte Ungewolltes anziehen

Mein Problem bei meiner Job-Suche	Was willst Du anstatt?	Was will ich anstatt!

Hier ein paar Beispiele:

Ich möchte keinen Chef, der nicht loben kann.
Besser = Mein neuer Chef lobt mich gut und gerne.

Mir macht es Angst, dass ich schon über 50 Jahre alt bin.
Besser = Mein Alter ist meine Kompetenz!

Ändern Sie also bitte sofort

nicht und *kein* in
Was will ich ANSTATT ...

Und treffen Sie bitte für sich ab sofort nur noch klare Aussagen.

Was bisher nicht so schön war, rund um Ihre beruflichen Erfahrungen

Vielleicht kennen Sie die eine oder andere unschöne Erfahrung, die Sie in Ihrem beruflichen Alltag erfahren haben. Machen Sie hierzu bitte in der richtigen Spalte ein Kreuz

Unschöne Erfahrungen rund um meinen Berufsalltag (früher oder jetzt) ...	stimmt	stimmt nicht
unfaire Bezahlung und ungerechte Arbeitsverteilung		
viele (organisatorische) Fehlentscheidungen, die ich dann alleine ausbaden muss		
der Großteil der Kollegen ist egoistisch, weil sie ständig meine Gutmütigkeit ausnutzen		
Chef ist respektlos, zeigt mir keine Anerkennung für meine Leistungen und/oder er hat wenig Ahnung von respektvoller Menschenführung		
komme mir vor wie der letzte Depp		
Überstunden werden nicht gewürdigt und gewertschätzt, viel weniger entlohnt		
ständig bin ich der Prügelknabe für irgendwelche Fehler in der Abteilung		
meine Arbeit ist langweilig und meine Verbesserungsvorschläge werden überhaupt nicht angehört		
ständig werden die Anderen bei irgendwelchen Vergünstigungen bevorzugt		

Unschöne Erfahrungen rund um meinen Berufsalltag (früher oder jetzt) ...	stimmt	stimmt nicht
ständig wird mein Arbeitsplatz *geplündert* (Locher weg, PC-Einstellungen verändert ...)		
hinter meinem Rücken wird viel über mich geratscht, gelogen und gelästert		
Chef steht nicht zu seinen Entscheidungen und schiebt mir dann den **schwarzen Peter** zu bzw. er klaut mir meine guten Verbesserungsvorschläge		

Bitte ändern Sie Ihre vorigen Aussagen, bei denen Sie **stimmt** angekreuzt haben in:

Was will ich anstatt ...

_____

_____

_____

_____

_____

_____

Falls Ihnen zu den vorigen negativen Erfahrungen keine optimalen "Was will ich anstatt" Formulierungen eingefallen sind, hier können Sie, genau in der vorigen Reihenfolge, die optimalen Formulierungen auswählen und bei Bedarf optimieren.

Optimale Erfahrungen rund um den Berufsalltag ...
ich kann mich auf meine Arbeitskollegen voll verlassen
wir spielen uns im Team stets optimal die "Bälle" zu
mein Chef hat immer ein offenes Ohr und kann auch gut zwischen dem ganzen Team vermitteln und uns motivieren
wir ziehen alle an einem Strang
unser Arbeitsumfeld können wir so gestalten, dass wir uns wohl fühlen können
die Bezahlung ist ok - und bei besonderen Leistungen bekommen wir auch besondere Gratifikationen
meine Verbesserungsvorschläge werden dankbar angenommen
die Arbeitszeiten sind optimal
auch bei privaten Engpässen (Urlaubsplanung, Autopanne) wird verständnisvoll darauf eingegangen
Mehrleistungen werden mit Lob und Stundenausgleich anerkannt
das Team trifft sich auch gerne außerhalb der Arbeitszeit zu privaten Aktivitäten
wir gehen im Team stets respektvoll, achtsam und wertschätzend miteinander um

Denken Sie bitte an Ihre To-Do's und Ihre Vorsätze!

Meine Powersätze

✓ Bei meinem Denken und Sprechen konzentriere ich mich ab sofort auf das Positive und auf *Was will ich anstatt.*

✓ Mir gefällt die Vorstellung, wie ich mein Umfeld mit meiner motivierenden und positiven Sprache anstecke und für ein harmonisches Miteinander beitragen kann.

Die Sprache ist die Kleidung der Gedanken
(Samuel Johnson)

Worte rufen Gefühle hervor

Sprechen ist nicht gleich verstanden werden

Warum ist die Bedeutung der Worte von Mensch zu Mensch so wichtig?

Worte sind überall: Wir sprechen Worte, wir lesen Worte, wir schreiben Worte, wir denken in Worten, wir sehen Worte, wir tippen Worte und hören sogar Worte in unserem Kopf. Weil Worte so mächtig sein können, empfehle ich Ihnen, dass wir Worte, die wir täglich denken und sprechen auch gewissenhaft auswählen.

Lassen Sie uns hierzu einen kleinen Test machen:

Was sehen Sie, wenn ich zu Ihnen das Wort **HUND** sage?

- *Sehen Sie das Bild von einem Schäferhund, einem Pudel oder einem Mops? - Ich habe bei dem Wort **HUND** das Bild unserer kleinen französischen Bulldogge gesehen. Sie wahrscheinlich nicht!*

Was fühlen Sie, bei dem Wort **HUND**?

- *Fühlen Sie dabei Freude oder eventuell sogar Angst? - Schon bei der Vorstellung an unsere kleine Sissi, freue ich mich sehr. Wenn jemand als Kind von einem Hund gebissen worden ist, wird schon alleine das Wort **HUND** mit Gefühlen der Angst verbunden sein.*

Stimmen Sie mir nach diesem kleinen Test zu, dass wir nie davon ausgehen können, dass wenn wir als Sender **A** sagen auch garantiert **A** beim Empfänger ankommen kann.

Wenn wir bereits in der Schule gelernt hätten, empathischer und wertschätzender miteinander zu kommunizieren, wäre kaum Raum für die vielen Missverständnisse und Konflikte.

Hier eine Übersicht, wie Worte wirken

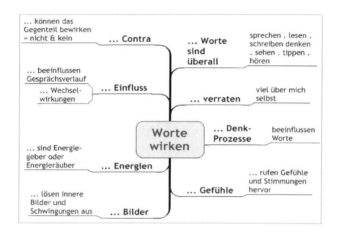

Worte mit verdeckten Botschaften

Nach dem 4-Ohren-Modell von Prof. Dr. Friedemann Schulz von Thun senden wir stets mit einer Botschaft **vierfache** Informationen aus. Ich erkläre dies an einem Beispiel:

Nachricht = *Das Fenster ist offen*	
Selbstoffenbarung = *Mir ist kalt*	**Sachinhalt =** *Das Fenster ist offen*
Beziehung = *Sei sparsamer, Du vergeudest Heizkosten*	**Apell =** *Schließe das Fenster*

Die 5 Kommunikations-Kompetenzen

Ich hab da eine Idee: Vielleicht wollen Sie sich gerade jetzt, während Ihrer Jobsuche etwas für Ihre Kommunikationskompetenz tun und sich weiter entwickeln? Dann sind Sie mit den folgenden Kommunikationsformen bestens positioniert.

Sie können auch auf YouTube hierzu sehr interessante und kostenfreie Videovorträge finden. Auch bei Google erhalten Sie sehr gute und umfangreiche pdf-Dokumentationen.

Die folgenden **5 Kommunikations-Formen** werden Ihnen, privat wie auch beruflich, viele neue Kompetenzen vermitteln:

Kommunikations-Form	wichtige Aspekte
TA = Transaktionsanalyse	• Ich-Zustände (Eltern-ICH, Erwachsenen-ICH, Kind-ICH) • Transaktionen / innere Antreiber • Dramadreieck / Maschensystem • Rabattmarken uvm.
Schulz-von-Thun = Kommunikationspsychologie	• 4-Ohren-Modell / Werte-Quadrat • Teufelskreis / Situationsmodell • Inneres Team
NLP = Neurolinguistisches Programmieren	• Milton-Sprachmodell • Glaubenssätze / Ziele & Werte • Veränderungsarbeit • Modellieren / Timeline-Arbeit • Ressourcen-Arbeit • Submodalitäten / Reframing uvm.
GFK = gewaltfreie Kommunikation Marshall B. Rosenberg	• Beobachten ohne Bewerten • Bedürfniserfüllung / Empathie • Sprache des Herzens • *die* beste Konfliktlösungsmethode uvm.
THE WORK = Byron Katie	• raus aus Beurteilen des Nächsten • eigene negative Denkschleifen auflösen • die vier Fragen / Umkehren

Von den fünf vorgenannten Kommunikations-Formen spricht mich

_____

am meisten an.

Ich werde mir ab sofort regelmäßig die Zeit nehmen und mich bei Google, YouTube, Wikipedia oder einem passenden Fachbuch informieren und mich schlau machen.

👍	*Ich verpflichte mich jetzt zu ...*
	_____
	_____
	_____
	_____
	_____

Wenn Worte uns eingrenzen und falsch gedeutet werden

Generalisierungen = Verallgemeinerungen

Ein Beispiel:
In meinem Alter bekommt man eh keine interessante Stelle mehr.

Mit einer Generalisierung wird eine Einzelerfahrung, die in einem bestimmten Fall gültig war, verallgemeinert und pauschaliert. Sobald also Aussagen, Erfahrungen etc. verallgemeinert werden, verarmt die Sicht und Fülle der wirklichen Welt für den Betreffenden. Die Sicht auf wichtige Details geht damit verloren.

Trotz alledem sind Generalisierungen (also Verallgemeinerungen) für unser Leben und Überleben notwendig, da nur so Erfahrungen zu Regeln werden können. Und dieser Mechanismus vereinfacht dadurch automatisch unser Leben.

Wer also als Kind einmal gelernt hat, dass Schrauben rechts herum reingedreht und nach links herausgedreht werden, der hat diese Erfahrung generalisiert und braucht in der Zukunft nicht mehr darüber nachzudenken.

Jedoch können Generalisierungen einschränkend werden, wenn es sich um ein gefühlsmäßiges Erleben handelt. Wenn eine Frau zum Beispiel von einem Mann emotional sehr verletzt worden ist und sie diese Erfahrung verallgemeinert auf alle Männer überträgt.

Hier noch ein paar praktische Beispiele:
- **Die Leute schubsen mich nur herum**
Die Generalisierung von **Leute** kann mit der Frage: **Welche Leute?** aufgelöst werden. Die Antwort **Meine Mutter schubst mich nur herum**, bringt dann eine ganz andere Bedeutung und einen ganz neuen Ansatz, um die Situation optimal klären zu können.

- **Herr Meier hat Frau Müller verletzt**
Auch diese Aussage ist verallgemeinert mit dem unspezifischen Verb **verletzt**. Die vertiefenden und klärenden Fragen wären hierzu: **Womit verletzt? Wie genau verletzt?** - Herr Meier hat Frau Müller mit der Zeitung leicht auf den Kopf geschlagen.

Die folgenden Wörter deuten stets auf Generalisierungen hin:
> man / das muss man / soll man / das tut man
> immer, dauernd, ewig
> niemals, nie, niemand
> jeder, alle ...

Bei dem Wort **man** werden die persönlichen Ansichten und Glaubenssätze auf die Allgemeinheit übertragen. Hiermit verlieren wir den Bezug zu uns selbst. Es fällt uns leichter zu sagen:

"Das macht man halt so ..." als **"Ich mache das halt so ..."**

> *Möchten Sie lernen, sich stets selbst mehr vertrauen und glauben zu können? - Ganz einfach: Tauschen Sie jede Aussage aus, bei der Sie ... **man** ... verwenden, ab sofort in ... **ich** ...! Das wird Sie ungemein befreien und auch positive Auswirkungen auf Ihr Umfeld haben!*

Generalisierungen, die Sie kennen

Welche Generalisierungen in Ihrem Sprachgebrauch, oder aus Ihrem Umfeld fallen Ihnen ein? Schreiben Sie diese hier auf ...

Tilgungen = Weglassen, löschen, entfernen

Hier fehlen wichtige Informationen in einer Aussage.

Beim Tilgen werden also Teile der ursprünglichen Erfahrung einfach weggelassen und ein wichtiger Bezug zu etwas, wird hier einfach nicht mitgeteilt bzw. getilgt.

Beim Tilgen werden aus einer Vielzahl von Informationen, die uns laufend erreichen, nur einige wenige Inhalte ausgewählt und bewusst wahrgenommen bzw. kommuniziert. Ältere Menschen, die ein Hörgerät tragen, bekommen schmerzlich mit, was **nicht tilgen können** bedeutet. Ein Hörgerät kann nämlich die vielen Geräuschquellen nicht tilgen. Ein gesunder Mensch kann sich auch in der größten Menschenmasse ganz gezielt auf das Gespräch einer kleinen Gruppe konzentrieren.

Während es einerseits absolut notwendig ist, dass wir aus der Flut von Informationen die Unwichtigen von uns fernhalten, so kann eine solche, fast schon gewohnheitsmäßige Tilgung, jedoch dazu führen, dass wir auch Teile unserer Erfahrungen ausklammern, die jedoch wichtig für uns wären. Die Schmerzforschung kann hierzu sogar beweisen, dass unser Gehirn nur das wahrnimmt, worauf es seinen Fokus hat.

Auseinandersetzungen zwischen Partnern sind ein vortreffliches Beispiel für vorgenommene Tilgungen. Schuld hat ja immer der Andere! Die eigenen Fehler oder Handlungen, die zu der verfahrenen Situation geführt haben, werden in der Regel getilgt.

Gerade dieser Mechanismus ist uns meistens nicht bewusst. Kinder sind zum Beispiel Meister im Tilgen. Sie überhören ganz einfach das, was Sie nicht hören wollen. Oft stehen sie da und halten sich sogar die Ohren zu, wenn sie ermahnt werden.

Hier noch ein paar praktische Beispiele:
- *Ich fürchte mich ...* = Hier werden Argumente weggelassen, die zum genaueren Verständnis des Verbs **fürchte** gehören. *Ich fürchte mich vor Hunden.*
- *Sie war die Beste für ihn* = unvollständige Steigerung. *Sie hat sich, als er krank war, rührend um ihn gekümmert - mehr als seine Mutter.*

Tilgungen, die Sie kennen

Welche Tilgungen aus Ihrem Sprachgebrauch oder Ihrem Umfeld fallen Ihnen ein? Schreiben Sie diese hier auf ...

_____

_____

_____

_____

Verzerren = Erfahrungen werden verfälscht

Beim Verzerren wird eine Erfahrung in Wirklichkeit falsch proportioniert. Das hat zum Nachteil, dass wir dadurch Verzerrungen unserer eigenen Kontrolle entziehen.

Verzerrungen begleiten uns tagtäglich in unserem Leben. Wir verzerren oder verfälschen in vielen Fällen die Wirklichkeit, schon alleine, wenn wir uns nur auf unsere fünf Sinne verlassen. Verzerrungen erkennen wir sofort an Nominalisierungen. Nominalisierungen sind abstrakte Hauptwörter, die man nicht anfassen kann und die aus Verben oder Adjektiven gebildet werden.

Dadurch werden Handlungen und Prozesse, die noch formbar wären, ein Ding oder ein Ereignis, welches nicht mehr kontrolliert oder verändert werden kann.

Hier noch ein paar praktische Beispiele:
- *Ich bedaure meine Entscheidung ...* = Entscheidung ist eine solche Nominalisierung, die aus dem Verb **entscheiden** entstanden ist. Entscheidung ist dadurch etwas Abgeschlossenes. Jedoch kann man sich immer wieder neu dagegen entscheiden.
- *Ihr Mann macht sie wütend.* = fehlerhafte Ursache-Wirkung Verkettung: Ihr Mann bewirkt hierbei, dass sie wütend wird. (Ein Gefühlszustand kann jedoch nie durch Andere ausgelöst werden, sondern immer nur in uns selbst und durch uns selbst mit unseren Gedanken.)

Verzerrungen, die Sie kennen

Welche Verzerrungen aus Ihrem Sprachgebrauch und aus Ihrem Umfeld fallen Ihnen ein? Schreiben Sie diese hier auf ...

_____

_____

_____

_____

_____

_____

Gedankenlesen

Beim Gedankenlesen wird von einer Person behauptet zu wissen, was eine andere Person denkt oder fühlt. Hier ist es jedoch wichtig herauszufinden, aufgrund welcher Wahrnehmung jemand zu so einer Aussage kommen kann. Dadurch entstehen zwangsläufig Missverständnisse bis hin zu größere Konflikten.

Hier noch ein paar praktische Beispiele:
- **Mein Kollege mag mich nicht ...** = Woher weißt du das?
- **Er sollte doch wissen, dass ich das nicht mag.** = Woher sollte er das wissen?
- **Woher weißt Du, dass X gleich Y bedeutet?**
  Muss X denn automatisch Y bedeuten? Was könnte X denn noch bedeuten? Hast Du niemals X gehabt, ohne dass es automatisch Y bedeutet oder so ähnlich ...?

Gedankenlesen Sätze, die Sie kennen

Welche Gedankenlesen Sätze aus Ihrem Denken und aus Ihrem Umfeld fallen Ihnen ein? Schreiben Sie diese hier auf ...

_____

_____

_____

_____

Vorannahmen = Glaubenssätze

Stillschweigende Vorannahmen sind Glaubenssätze des Sprechers, die in einer Aussage enthalten sind, aber nicht unbedingt ausgesprochen werden und dabei dem Sprecher oft nicht bewusst sind.

Hier ein praktisches Beispiel:
- **Du bist genauso egoistisch wie dein Vater** = Woher weißt du, dass mein Vater egoistisch ist?

Glaubenssätze, die Sie kennen

Welche Glaubenssätze in Ihrem Denken fallen Ihnen ein? Schreiben Sie diese hier auf ...

_____

_____

_____

_____

Üben Sie bitte die nächsten Tage die vorgenannten Wortvariationen

Konzentrieren Sie sich jedoch nur jeweils auf eine Wort-Variation und bleiben Sie den ganzen Tag dabei. Und am nächsten Tag konzentrieren Sie sich dann auf die nächste Wort-Variante (also Tilgung oder Verzerrung etc.)

Nicht haben wollen

*Folgende **Nicht haben wollen** Aussagen habe ich in meinem Denken und Sprechen wahrgenommen ...*

_____

_____

_____

_____

*Nicht haben wollen verändere ich jetzt in **Was will ich anstatt** ...*

_____

_____

_____

_____

Generalisierungen

Folgende **Generalisierungen** *habe ich in meinem Denken und Sprechen wahrgenommen ...*

_____

_____

_____

_____

Diese Generalisierungen verändere ich jetzt in ...

_____

_____

_____

_____

Tilgungen

*Folgende **Tilgungen** habe ich in meinem Denken und Sprechen wahrgenommen ...*

_____

_____

_____

_____

Die Tilgungen verändere ich jetzt in ...

_____

_____

_____

_____

Verzerrungen

Folgende **Verzerrungen** *habe ich in meinem Denken und Sprechen wahrgenommen ...*

_____

_____

_____

_____

Die Verzerrungen verändere ich jetzt in ...

_____

_____

_____

_____

Gedankenlesen

*Folgende **Gedankenlesen-Fallen** habe ich in meinem Denken und Sprechen wahrgenommen ...*

_____

_____

_____

_____

Die Gedankenlesen-Aussagen verändere ich jetzt in ...

_____

_____

_____

_____

Vorannahmen

*Folgende **Vorannahmen** habe ich in meinem Denken und Sprechen wahrgenommen ...*

Die Vorannahmen ändere ich jetzt in ...

Sie können diese Sprech- und Wort Wahrnehmungsübungen gerne regelmäßig wiederholen. So können Sie ab sofort mit bewussten Wortwahl besonders auf die Wortfallen im Miteinander mit einer verschärften neuen Wahrnehmung reagieren und dementsprechend handeln.

Weil ich sehe, dass Kommunikation so wichtig ist, verpflichte ich mich, jetzt professioneller zu kommunizieren = *Wann will ich lernen ... Wie oft ... Wie lange ...?*

👍 ***Ich verpflichte mich jetzt zu ...***
_____
_____
_____
_____
_____

Wortfallen und ihre Gefahren

Auf der unteren Grafik sehen Sie Worte, die Sie sicherlich im Alltag auch von anderen hören bzw. sogar selbst sagen.

Bitte lesen Sie die tiefere Bedeutung dieser Worte durch und lassen diese einmal auf sich wirken. Und dann verpflichten Sie sich, diese Worte in Ihrem Sprachschatz unbedingt step-by-step zu minimieren bzw. ganz zu vermeiden!

Bitte reflektieren Sie diese Worte, wann, wo und wie oft Sie diese Worte selbst sagen. Auf der nächsten Seite können Sie üben ...

Meine Selbstreflektion und Beobachtung

Wortfallen Aussage	Wann und wie oft denke und spreche ich dieses Wort ...
vielleicht	
Problem	
bereit	
eigentlich	
man	

Überlegen Sie bitte, wie Sie diese Wortfallen meiden können?

Hierzu habe ich folgende Ideen ...

_____

_____

_____

Wortfallen bzw. Unworte auflösen

Sicherlich fragen Sie sich, wie soll ich diese Wortfallen aus meinem Sprachgebrauch löschen? Wie soll das denn gehen?

Hierzu habe ich für Sie eine geniale Übung, wie Sie sich Unworte abgewöhnen können. Ich habe diese Übung, anhand meiner eigenen Geschichte, selbst entwickelt!
Hierzu benötigen Sie jedoch eine Person (Partner, Bekannte oder einen vertrauensvollen Arbeitskollegen).

Ich erkläre Ihnen die Übung an meinem Beispiel, wie ich mir vor vielen Jahren das Unwort *furchtbar* abgewöhnt habe.

> *Ich war in einer neuen Beziehung. Als wir wieder einmal am Wochenende zusammen waren, hatte er mich auf ein unschönes Wort hingewiesen, welches ich sogar relativ oft benützen würde ... Ich solle mir doch einmal dieses Wort **furchtbar** auf der Zunge zergehen lassen und spüren, wie negativ und machtvoll dieses Wort wäre. Ich war dann selbst sehr betroffen über die negative Kraft dieses Wortes. Das wollte ich so nicht mehr sagen.*
> *Wir trafen dann eine Abmachung. Wir suchten auch ein Unwort bei ihm und so konnten wir das **Auflösungs-Spiel** beginnen. Folgende Spielregel hatten wir beschlossen:*

> *Derjenige der sein Unwort sagen würde, musste 1 DM in eine Spardose bezahlen. Mit den folgenden Stufen habe ich das **Unwort furchtbar** dann aus meinem Sprachschatz streichen können:*

> **1. Stufe**
> *Ich hatte das Wort gesagt und es überhaupt nicht bemerkt. Ich musste bezahlen.*

2. Stufe
Ich hatte das Wort gesagt und es bemerkt und dann dabei gehofft, dass er es nicht gehört hat. Wenn ich Glück hatte, hatte er es nicht gehört!

3. Stufe
Ich hatte das Wort schon auf der Zunge und konnte es gerade noch hinunter schlucken. Nichts bezahlt!

4. Stufe
Ich hatte das Wort total vergessen. Erst, als ich diese Übung meinen Seminarteilnehmern empfehlen wollte, musste ich sehr lange überlegen, welches damals mein Unwort war.

Jetzt sind Sie dran!

Sammeln Sie Ihre Unwörter und listen diese hier auf. Dann suchen Sie sich eine zweite Person, die mit Ihnen zusammen das Auflösungs-Spiel für jedes einzelne Wort ausführen wird.

Meine Unwörter - meine Selbstverpflichtung - meine Erfahrungen

Wie Sie die Energien Ihrer Worte selbst lenken

Gerade bei den Unwörtern und der Übersicht mit den Wortfallen können Sie schnell feststellen, wie kraftvoll sich diese anfühlen und einem sehr schnell gute Energien rauben.

Mit den folgenden **Energiesätzen** können Sie Ihrem Leben klare Anweisungen SAGEN und sich dabei auch selbst gut zureden. Ergänzen Sie bitte die folgenden Sätze in Verbindung mit Ihrem Wunschberuf, damit dann auch Ihr Sagen (bzw. Ihre Worte) sich mit Ihrem Wunsch verbinden und verstärken können. Einige Beispiele finden Sie im 6. Teil - Praxis-Schatztruhe. Ergänzen Sie hierzu die folgenden Satzanfänge:

Es ist schön zu wissen, dass mein idealer Wunschberuf _____
_____

Es fühlt sich so gut an, wenn _____
_____

Ich habe beschlossen _____
_____

Mehr und mehr _____
_____

Ich finde es toll _____

_____

Mir gefällt die Vorstellung _____

_____

Ich bin begeistert von _____

_____

Ich sehe mich gern als _____

_____

Es ist meine feste Absicht _____

_____

Und ganz wichtig, wenn Sie von Ihren Mitmenschen gefragt werden, wie Sie mit Ihren Bewerbungsaktivitäten vorankommen, dann sagen Sie bitte ab sofort:

> ***Ich bin auf dem besten Weg*** _____
>
> _____

Ihr Sagen

Denken Sie bitte an Ihre To-Do's und Ihre Vorsätze!

Meine Powersätze

✓ Ich selbst habe jetzt den Schlüssel in der Hand, wie ich mich mit meinen Energiesätzen stärken und motivieren kann.

✓ Es ist meine feste Absicht besser kommunizieren zu können, indem ich mich mit Büchern und/oder Seminare bzw. YouTube Videos schlau mache und dadurch für ein respektvolles Miteinander beitragen kann.

Ihr Handeln

Was tun Sie aktiv dafür, dass Sie Ihren Wunschberuf bzw. Ihre Wunschfirma auch wirklich bekommen können?

> *Wenn Sie **A wünschen** und **B sagen** und dann **C tun** und außerdem **D fürchten** ...*
> *Was soll Ihnen dann Ihr Leben bringen? Und wie soll es Ihnen wirklich helfen können, wenn Sie Ihrem Leben keine klaren Vorgaben machen?*

Erinnern Sie sich noch an den Kreislauf von **(A) WÜNSCHEN** und **(B) SAGEN?** Stimmen bei Ihnen (A) und (B) überein?

Mein Berufswunsch und meine Aussagen stimmen überein, weil ... bzw. Ich will mich noch mehr selbst verpflichten, zu ...

Überlegen Sie bitte einmal weiter, wie nun Ihr **(C) TUN** zu Ihrem Berufswunsch und Ihr inneres und äußeres SAGEN **(B)** zusammen passen?

Mein TUN passt zu meinem Berufswunsch und meinen Aussagen, weil ...

_____

_____

_____

_____

Geht da noch etwas mehr? - Dann lassen Sie uns bitte gemeinsam Ihre Handlungen beleuchten. Auf den weiteren Seiten können Sie selbst prüfen, ob Sie an diese oder jene Handlungsweisen gedacht bzw. schon selbst gemacht haben.

Sind Sie Berufsstarter, gekündigter Arbeitssuchender, Wiedereinsteiger, Quereinsteiger, Umschüler etc.? - Jede der vorgenannten Ausgangssituationen benötigt eine etwas andere Bewerbungsstrategie.

Daher ist es wichtig, dass Sie Ihre ganz persönliche Bewerbungsstrategie entwickelt haben. Aus diesem Grund gebe ich Ihnen in diesem Buch ein paar Anregungen, die Sie natürlich auch miteinander kombinieren können. Bitte prüfen Sie, welche der Strategien für Sie zutreffen?

Ich habe bis jetzt folgende Bewerbungsstrategie entwickelt ...

_____

_____

_____

_____

Ihre Turbo-Formel für psychisch TOP-FIT

Hier sehen Sie die wichtigsten **5 Turbo-Schritte** für Ihre Aktivitäten, damit Sie hoch engagiert und motiviert Ihren Wunschberuf bekommen werden.

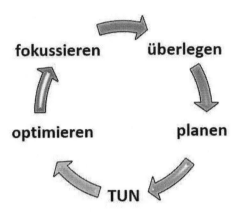

Überlegen Sie bitte, was Sie zu den oben aufgeführten Turbo-Schritten schon aktiv geplant und umgesetzt haben ...

_____

_____

_____

_____

_____

Bitte notieren Sie hier Ihre Ideen, wie Sie schnell ins Handeln kommen können (also nicht nur Stellen recherchieren und darauf bewerben!) ...

Ein klarer Plan verstärkt Ihr Handeln

Jeder Tag ist ein neuer Anfang. Was gestern nicht so optimal war, können Sie heute verbessern, damit Sie mit neuem Fokus und gestärkt morgen das bekommen, was Sie sich wünschen.

✓	To-Do und Aktivitäten	Anzahl
	In diesem Buch gelesen und die Inhalte bearbeitet	
	Recherche aktueller Stellenanzeigen (Presse, Internet)	
	• Bewerbung auf Stellenanzeigen	
	Recherche über Wunschberuf	
	Recherche möglicher Wunschunternehmen	
	• Initiativ-Bewerbungen versenden	
	Anrufe bei Wunschfirma	
	Kontakte gesammelt zur Weiterempfehlung über soziale Netzwerke (XING, LinkedIn, Facebook ...)	
	Weiterbildungsaktivitäten bzw. Kompetenzen erweitern	
	weitere Fähigkeiten für Wunschberuf aneignen	
	sonstige Aktivitäten aus meinem (D) Handlungsplan	
	Sonstiges	

Was Ihre Psyche JETZT dringend benötigt

Bei meinen Karriere- und Bewerbungs-Coachings habe ich leider immer wieder beobachtet, dass bei ca. 90 % der Arbeitssuchenden, sich ein negatives Kopfkino unbewusst eingeschaltet hat und sich schleichend verstärkt, egal ob angestellt, Akademiker oder Führungskraft.

Gerade, jetzt in Ihrer **TUN-Phase**, können Sie Ihre Psyche mit einem kleinen Trick positiv unterstützen, damit Sie TOP-FIT und selbstbewusst Ihren idealen Wunschberuf auch sicher bekommen werden.

> *Lassen Sie uns hierzu das folgende Gedankenspiel machen. Dabei gehe ich davon aus, dass Sie morgens prinzipiell gerne zur Arbeit gegangen sind.*
>
> - *Ihr Arbeits- und Privatleben waren eng miteinander verbunden*
> - *Sie sind morgens aufgestanden und dann zur Arbeit gegangen*
> - *nach Arbeitsschluss sind Sie wieder ins Privatleben eingetaucht und sind irgendwann später ins Bett gegangen,*
> - *um am nächsten Morgen wieder fit ins Berufsleben eintauchen zu können oder so ähnlich ...*

An diesen Rhythmus und auch Routine hat sich Ihre Psyche gewöhnt. Das kennt Ihre Psyche und damit kann sie gut umgehen.

Sobald sich jedoch etwas in Ihrer Alltagsroutine verändert, schaltet Ihre Psyche mit seinem Denken und Handeln zuerst einmal um auf **VORSICHT, GEFAHR und HAB ACHT!**

Unter solchen Stresssituationen wird unser innerer Steinzeitmensch aktiv und reagiert nach uralten Überlebensmechanismen wie mit:

Kampf-, Flucht- und/oder Totstell-Reflex

Sie sind jetzt raus aus Ihrer alten Arbeitsroutine ...

*Folgende **Kampfmechanismen** nehme ich bei mir wahr ...*

_____

_____

*Folgende **Fluchtmechanismen** nehme ich bei mir wahr ...*

_____

_____

> *Folgende **Totstellreflexe** nehme ich bei mir wahr ...*
>
> _____
>
> _____

Veränderung Ihres Berufsalltags kann Angst auslösen

Nach einer Kündigung kommen Sie auch privat automatisch in eine Umbruch- und Neuorientierungs-Phase. Ihre Psyche kann Sie schon bei banalen Veränderungen mit unterschwelligen Ängsten, besonders aufkeimenden Zukunftsängsten belasten.

> *Lassen Sie uns hierzu das folgende Gedankenspiel machen. Dabei gehe ich davon aus, dass Sie gekündigt worden sind.*
>
> - *Ihr Privatleben verändert sich automatisch*
> - *Sie müssen morgens nicht mehr so früh aufstehen*
> - *Sie haben jetzt mehr Zeit für Aktivitäten, als Ihnen lieb ist*
> - *nach jeder Absage verringert sich die Hoffnung und besonders die Energie für weitere Bewerbungsaktivitäten*
> - *aus Scham meiden Sie alte Freunde und Bekanntschaften*
> - *Sie können abends länger Fernsehschauen oder ausgehen*
> - *Sie hätten ganz viel Zeit zum Bücherlesen, Weiterbilden etc., jedoch fehlt oft die Energie dazu uvm.*

Überlegen Sie bitte einmal, welche Veränderungen sich nun in Ihrem Leben eingeschlichen haben

*Folgende **Veränderungen** nehme ich gerade wahr ...*

Damit Ihr innerer Steinzeitmensch sich einigermaßen sicher fühlen und wieder auf eine ähnliche Alltagsroutine umschalten kann, habe ich hier für Sie einen genialen Tipp:

TUN Sie so, als ob Sie wieder arbeiten würden!

Sie fragen sich nun: Wie soll denn das gehen?

Die Hauptidee dabei ist, dass Sie eigentlich nicht zu Hause sind, sondern wie früher bei der Arbeit sind. Ihre Wohnung wird jetzt also Ihre virtuelle Arbeitsstelle.

Ihr SO-TUN ALS OB könnte z. B. folgendermaßen aussehen:

- ✓ *Sie stehen morgens immer zur gleichen Zeit auf, spätestens zwischen 7:30 bis 8:00 Uhr.*
- ✓ *Gehen Sie (ohne Morgentoilette) ca. 30 bis 60 Min. raus zum Joggen oder Walken oder nur Gassi gehen (bei jedem Wetter!!).*
- ✓ *Nach der Morgentoilette und Frühstück suchen Sie in der Tageszeitung bzw. Internet nach aktuellen Stellenanzeigen.*
- ✓ *Wenn Sie eine Stellenanzeige gefunden haben, suchen Sie auf der Internetseite des Unternehmens wichtige PR-Aussagen und Inhalte, die Sie dann in Ihre Bewerbung bzw. Vorstellungsgespräch integrieren können.*
- ✓ *Jetzt haben Sie zur Belohnung eine ca. 30-min. Pause verdient.*
- ✓ *Danach verpflichten Sie sich ca. 3 bis 5 Initiativbewerbungen per Post oder per E-Mail zu erstellen und versenden.*
- ✓ *Dabei fokussieren Sie sich bei Ihrer Suche besonders auf die Unternehmen Ihrer Zielgruppe.*
- ✓ *Sie können auch, mit einem guten Telefonleitfaden, bei Ihrem Wunschunternehmen anrufen* (muss jedoch wirklich professionell vorbereitet sein!).
- ✓ *Mittagspause bzw. Belohnungs- und Energie-Pause (ca. 1 Std.).*
- ✓ *Ihr Nachmittag ist dann Entwicklungs-, Selbstreflektions- und Lernzeit!*
- ✓ *Danach haben Sie Ihren Feierabend wirklich wohl verdient!*

Sie können natürlich die vorgenannten Tagesaktivitäten untereinander tauschen. Wenn Sie eher ein Morgenlerner sind, dann führen Sie Ihre Bewerbungsaktivitäten eben erst am Nachmittag aus oder so ähnlich!

Schauen Sie im Internet und in Ihrer Umgebung nach weiteren Kontaktmöglichkeiten zu Ihrer Wunschfirma
- Jobmessen, Hausmessen und sonstige Handwerksmessen
- Fachzeitschriften, Berufsverbände
- soziale Netzwerke oder Freunde, Bekannte, uvm.

Wichtig ist bei diesem ganzen Prozess, dass Sie am Ende des Tages wirklich das Gefühl haben, für Ihren neuen Wunschberuf aktiv gewesen zu sein. Die größte Gefahr an der Zeit in der Arbeitslosigkeit ist also, dass Ihre Psyche, oft ein schlechtes Gewissen hat und Sie dann Angst bekommt, weil Sie nicht wirklich etwas Produktives bei der Jobsuche getan haben.

Wenn Sie diszipliniert diese Strategie umsetzen, wird Ihr innerer Steinzeitmensch keinen Grund sehen auf Ängste aller Art, Mutlosigkeit, Frust bis hin zu einer Depression umzuschalten!

Auch für Ihre Situation gibt es ganz viele Möglichkeiten. **Wenn Sie hierzu Hilfe benötigen, begleite ich Sie gerne!**

Check-Liste meiner Bewerbungsaktivitäten

Bitte beantworten Sie die Fragen und prüfen Sie, wie zufrieden Sie mit Ihren derzeitigen Bewerbungsaktivitäten sind?!

✓	To-Do und Aktivitäten	Anzahl
	In diesem Buch gelesen und die Inhalte bearbeitet	
	Recherche aktueller Stellenanzeigen (Presse, Internet)	
	• Bewerbung auf Stellenanzeigen	
	Recherche über Wunschberuf	
	Recherche möglicher Wunschunternehmen	
	• Initiativ-Bewerbungen versenden	
	Anrufe bei Wunschfirma	
	Kontakte gesammelt zur Weiterempfehlung über soziale Netzwerke (XING, LinkedIn, Facebook ...)	
	Weiterbildungsaktivitäten bzw. Kompetenzen erweitern	
	weitere Fähigkeiten für Wunschberuf aneignen	
	sonstige Aktivitäten aus meinem (D) Handlungsplan	
	Sonstiges	

Zum Wünschen gehört auch aktives TUN!
Sind Sie mit Ihren derzeitigen Aktivitäten zufrieden?

Suchen, informieren, hospitieren, lernen = ständig TUN

Überlegen Sie bitte nach den vorgenannten Anregungen, was Sie JETZT alles TUN können.

Folgende Ideen werde ich innerhalb der 72-Stunden anfangen ...

Umgang mit Ablenkungen

Vorsicht: Wenn Sie jetzt gerade arbeitssuchend sind, konzentrieren Sie sich nun auf das was wirklich wichtig ist. Informieren Sie auch Ihre Familie bzw. Umfeld darüber, dass Sie, trotzdem Sie jetzt zu Hause sind, keine Zeit für irgendwelche andere privaten Aktivitäten haben. Meine Beobachtung ist oft, wenn meine Coachees arbeitssuchend sind, dass diese:

- *zuerst einmal schon lang aufgeschobene Hausverschönerungsarbeiten durchführen,*
- *den Garten verschönern,*
- *das Auto auf Vordermann bringen,*
- *alte Freundschaften wieder pflegen,*
- *und schleichend immer mehr Hausarbeiten uvm. übernehmen*

Und eh Sie sich versehen, ist der Tag vergangen, und Sie stellen am Abend frustriert fest, dass Sie für die Recherche zu Ihrem Wunschberuf und Wunschfirma nicht wirklich viel Zeit gehabt haben, viel weniger hierfür aktiv waren.

Jetzt hat Selbstdisziplin absolute Priorität

Meinen Coachees rate ich hier zu folgenden Maßnahmen:

1. Erstellen Sie sich einen strikten Tagesplan,
2. den Sie auf einen Wochen- und Monatsplan aufbauen.
3. Hängen Sie an Ihre Türe bei Ihren Bewerbungs- und Lernaktivitäten ein Schild mit **Bitte nicht stören!** ☺ auf!
4. Tagsüber sind TV-Konsum, private Telefonate und sonstige Handy-Aktivitäten verboten!

Lebenslanges Lernen

JETZT ist die allerbeste Zeit, dass Sie sich ganz viel Wissen aneignen. Mögliche Argumente, wie

Ich habe keine Zeit oder *Ich habe kein Geld*

gelten jetzt nicht mehr! Dank Google und YouTube können Sie sich wirklich ganz, ganz viel Wissen und Kompetenzen aneignen, die absolut nichts kosten!

Wenn Sie lieber in der Gruppe lernen, dann bieten die örtlichen vhs (Volkshochschulen) günstige Kurse an.

Wenn Sie bei der Agentur für Arbeit registriert sind und eine Kundennummer haben, dann nutzen Sie bitte **unbedingt die kostenfreien Online-Kurse.** Mehr Infos finden Sie unter:

http://www.arbeitsagentur.de/lernboerse

Sobald Sie einen Online-Kurs abgeschlossen haben, bekommen Sie vom Online-System eine Urkunde, die Sie dann wieder zu Ihren Bewerbungsunterlagen dazu fügen können.
Unterschätzen Sie diese Aktivitäten bitte nicht, denn ein Arbeitgeber wünscht sich entwicklungs- und lernfreudige Mitarbeiter. Hier können Sie unbedingt punkten!

Meine aktive Unterstützung für Sie

Mein Selbsthilfe- & Motivations-Notizbuch

Das 12-Wochen **Selbsthilfe-Erfolgs-Turbo Notizbuch** habe ich extra für Ihre täglichen Aktivitäten und besonders für Ihre Selbstmotivation und Umsetzungspower entwickelt.

Geben Sie einfach bei Amazon ein:
**Mein Selbsthilfe- & Motivations-Notizbuch
ISBN 9781087229584**

Wenn Sie beide Bücher gekauft haben, bekommen Sie von mir ein tolles **Geschenk**! Mehr dazu auf den Seiten 29 und 30.

Folgende Ideen, Anregungen und Selbstverpflichtungen möchte ich innerhalb der 72-Stunden-Regel anfangen ...

Ihr Handeln

 Denken Sie bitte an Ihre To-Do's und Ihre Vorsätze!

Meine Powersätze

✓ Ich habe beschlossen, dass ich durch lebenslanges Lernen ständig ein Stück über mich hinauswachsen werde.

✓ Ich bin auf dem besten Weg, mit den vorher beschriebenen Aktivitäten-Anregungen meine ideale Tätigkeit zu bekommen.

Ihre Ängste und Zweifel

Falls Sie bei Ihrer Job-Suche Ängste und Zweifel plagen: Sie sind (leider) nicht alleine! Fast jeder Coachee, den ich begleitet habe, ist mit Ängsten und Zweifeln zu mir gekommen, die wir jedoch relativ schnell in Hoffnung, Zuversicht und Mut ändern konnten!

Ängste und Zweifel sind oft eine ungute Mischung aus Selbstzweifeln, mangelndem Selbstvertrauen, alten Glaubenssätzen, viel auch durch **Unwissenheit**, allgemeine Panik- und Angstmache der Medien und Bekannten uvm.

Was sind Ihre Gedanken in der jetzigen Bewerbungsphase?
Was sind Ihre Befürchtungen? Was denken Sie über sich selbst und was sagen innere Stimmen, zu Ihrer Situation?

_____

_____

_____

_____

_____

_____

Selbstzweifel neutralisieren

Einmal ehrlich gefragt: Würden Sie ein neues Handy kaufen, wenn Sie von dem Produkt nicht wirklich überzeugt sind?

Und dann weiter gefragt: Warum soll ein Chef gerade Sie einstellen, wenn Sie als Bewerber nicht wirklich von sich selbst überzeugt sind? Also fangen Sie an, sich aufrichtig und wertschätzend zu behandeln und sich so anzunehmen, wie Sie sind, **ohne WENN und ABER!**

Die folgenden Listen werden Ihnen dabei helfen. Konzentrieren Sie sich bitte nun auf Ihre Charakterstärken, Talente und Fähigkeiten bzw. Verhaltensweisen.

Wie meine Mitmenschen mich wohl wahrnehmen

Was meinen Sie, was andere über Sie im Positiven denken?

_____

_____

_____

_____

Fragen Sie Ihre FreundInnen und andere liebe Menschen

Was andere über mich im Positiven wirklich denken ...

Wie fühlen Sie sich nun dabei, wie Sie Ihre FreundInnen und lieben Menschen im Positiven sehen und was Sie dazu zu Ihnen gesagt haben

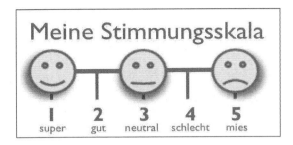

Bei dem Gedanken, wie ich auf andere im Positiven wirke, fühle ich mich *(bitte eine Ziffer oben auswählen)* _____

Wofür können Sie - gerade jetzt - dankbar sein?

Fünf Argumente, für die ich gerade jetzt, in diesem Zusammenhang, dankbar bin

_____

_____

_____

_____

_____

Ich mache mir selbst MUT

_____

_____

_____

_____

_____

_____

_____

Kleine Kinder kennen keine (Selbst-)Zweifel!
Zweifel sind anerzogen

Jedes Baby liebt sich bedingungslos!

Wenn ein Baby auf die Welt kommt, fühlt es sich:

- vollkommen
- perfekt
- einzigartig
- liebenswert
- authentisch
- 100 %ig OK
- wunderschön
- süß und als
- Wonneproppen

Und alles, was im Laufe unseres Lebens davon abweicht und wir uns permanent zu unserem angeborenen Selbstbild verändern, ist also nur von unserer Außenwelt (Familie, Freunde, Schule, Gesellschaft, Modetrends etc.) so gemacht worden!

Lassen Sie diese Prägungen los! Sie selbst sind einzigartig!

Was ich an meinem Aussehen liebe bzw. mag ...

_____

_____

_____

_____

Und jetzt schreiben Sie mindestens 30 Charakterstärken, Talente und Fähigkeiten bzw. positive Verhaltensweisen auf. Wenn Ihnen dazu nicht viel einfällt, dann ergänzen Sie im Laufe unseres gemeinsamen Prozesses diese Liste!

> *Eine kleine Randbemerkung:* Wenn Sie wirklich nichts finden sollten, dann ist es jetzt höchste Zeit etwas daran zu ändern!
>
> *Und noch ein Tipp:* Sie finden in Ihren Arbeitszeugnissen auch sehr gute Aussagen über Ihre positiven Eigenschaften, Fähigkeiten und Verhaltensweisen!

Folgende Charaktereigenschaften, Talente, Fähigkeiten und Verhaltensweisen liebe ich an mir ...

Vom Zweifel zur Zuversicht und Selbstvertrauen

Wenn Sie an irgendetwas zweifeln, haben Sie sich dann schon einmal gefragt, was ein Zweifel Ihnen eventuell sagen möchte?

> *Zweifel treten immer dann auf, wenn etwas ungeklärt ist. Ein Zweifel zeigt uns meistens, dass wir für eine bevorstehende Entscheidung noch nicht alle Fakten richtig bedacht haben. Somit hat in erster Linie ein Zweifel stets eine berechtigte und positive Absicht!*

Gibt es daher berechtigte Zweifel, dass Sie Ihr Ziel nicht erreichen könnten?

Berechtigte Zweifel könnten zum Beispiel sein, dass es Ihnen an noch nötigen Fachwissen oder Sozialkompetenz etc. fehlt ...

Bitte notieren Sie hier Ihre noch berechtigten Zweifel ...

Haben Sie keinen berechtigten Zweifel gefunden? - Dann gratuliere ich Ihnen von Herzen, denn Sie haben bereits Ihren Wunschberuf bestens ausgearbeitet.

Wenn Sie jedoch berechtigte Zweifel aufgeschrieben haben, dann empfehle ich Ihnen hier nochmals tiefer einzusteigen und diese Zweifel mit Fakten, Wissen sammeln etc. zu füttern, damit Sie mehr innere Klarheit und Sicherheit bekommen können.

Wenn Ihnen eventuell Fachkompetenzen fehlen, dann lernen Sie diese einfach dazu, zur Not auf eigene Kosten und in Ihrer freien Zeit. Die Zeiten sind heute leider vorbei, dass Sie ein Unternehmen bei Ihrer Einstellung noch zusätzlich lange auf eigene Kosten schult. Erst wenn Sie länger in einem Unternehmen sind, werden Sie auf Kosten der Firma gerne weitergebildet.

Dank Internet gibt es heute ganz viele Möglichkeiten, sich fehlendes Fachwissen auch **kostenfrei** anzueignen:
- **Lernbörse** der Agentur für Arbeit (sobald Sie dort eine Kundennummer haben, können Sie ganz viele sehr gute E-Learning Qualifizierungen selbstaktiv ausführen)
- **Internet** (Google hilft!), YouTube, diverse Lernplattformen uvm.

Kostenpflichtige Kurse (bei Ihnen vor Ort oder Online) gibt es heute wie Sand am Meer, angefangen bei den Volkshochschulen VHS, IHK (Industrie- und Handelskammern), viele Fernstudien-Einrichtungen, bei denen sogar AZAV-Kurse angeboten werden. **AZAV** zertifizierte Kurse werden dann mit einem Bildungsgutschein gefordert, damit Sie hierfür nichts bezahlen müssen.

Wenn eigene Zweifel nicht berechtigt sind

Zweifel wollen uns besonders vor Blamage und Scham, Versagen sowie von eigenen begrenzenden Glaubenssätzen beschützen.

Was ist ein begrenzender Glaubenssatz?
Ein begrenzender Glaubenssatz ist ein sich wiederholender Gedanke, also was wir immer und immer wieder denken bzw. zu uns selbst sagen und dann auch (leider) selbst glauben.

Einen begrenzenden Glaubenssatz erkennen Sie, wenn er das Wörtchen **weil** beinhaltet. *(Ich kann nicht, weil ...)*

Welche Zweifel zur Jobsuche fallen Ihnen ein, die ein weil beinhalten ...

_____

_____

_____

_____

Wollen Sie mit solchen begrenzenden Glaubenssätzen wirklich Ihren neuen beruflichen Lebensabschnitt beginnen? Oder möchten Sie, frei von alten Begrenzungen, jetzt Ihren Wunschberuf ausüben können?

Auf der nächsten Seite zeige ich Ihnen eine ganz einfache Technik, bei der Sie unberechtigte Zweifel umschalten können, damit

Ihr Denken nicht mehr an solchen alten Glaubenssätzen festhalten kann.

Ich erkläre Ihnen diese Technik an einem einfachen Beispiel:

Zweifel bzw. Glaubenssatz	***Ich kann diesen Job nicht bekommen, weil ich nicht studiert habe.***
Frage	*Gibt es irgendjemanden auf der ganzen Welt, der diesen Job ohne Studium ausübt?*
Antwort	*Ja*
Frage	*Wenn es so ist, wie viele Menschen sind das heute? Wie viele waren es gestern? Vergangene Woche? ... letzten Monat? ... letztes Jahr?*
Zulassungserklärung	*Gegenwärtig gibt es sicherlich Hunderte von Menschen, die diesen Job ohne Studium ausführen. Es gibt Millionen von Menschen, die ohne Studium erfolgreich diesen Job ausüben.*

Innere Gegenstimmen bzw. innere Zweifler haben nun absolut keine Chance mehr. Trotz alledem ist es wichtig diese inneren Gegenstimmen und Zweifler zu würdigen. Sie haben eben ihre Ansichten noch aus uralten Zeiten. Diese alten Zweifler dürfen mit dieser Technik neue Impulse annehmen und akzeptieren.

Mit dieser Blankovorlage können Sie sämtliche unberechtigte Zweifel und begrenzende Glaubenssätze umwandeln. Ich wünsche Ihnen hierbei viel Erfolg, viele neue Erkenntnisse und ein super befreiendes Gefühl, alte Blockaden loslassen zu können.

Achten Sie bitte bei dieser Technik darauf, dass Sie bei der letzten Argumentation (*) Ihre Formulierungen über sich selbst in der dritten Person verfassen.

Zweifel bzw. Glaubenssatz	
Frage	
Antwort	*Ja*
Frage	
(*) Hunderte von Menschen ... Tausende ... Hunderttausende ... Millionen ... Mehr und mehr ... Erst gestern ... Jeden Tag ... Heute hat ... Genau in diesem Moment ...	

Sie haben nun eine hoch wirksame Technik gelernt, mit der Sie sämtliche Zweifel schnell, einfach und nachhaltig umwandeln können.

Sobald Sie also im Alltag, oder solange Sie hier in Ihrem Selbst-Hilfe Buch lesen einem Zweifel auf die Schliche kommen, führen Sie sofort diese Technik aus. Also **sämtliche limitierende Gedanken**, die auftauchen wie:
- *Ich kann das nicht, weil ...*
- *Ich habe Angst, weil ...*

sofort mit der vorigen Technik auflösen.

Sind Sie auch ganz besonders achtsam, wenn Sie gut gemeinte **Ratschläge** bekommen oder in der **Zeitung** lesen, wie z. B.:
- *Was, du möchtest XY arbeiten? Das kannst du doch gar nicht, weil ... oder*
- *Die Berufsbranche XY geht schlechten Zeiten entgegen, weil ...*

Wie fühlen Sie sich nun, bei dieser einfachen Befreiung aus begrenzenden Glaubenssätzen und äußeren Prägungen?

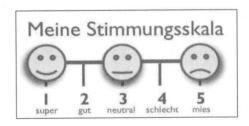

Ich fühle mich gerade so = Ziffer _____

Ihre Ängste und Zweifel

Denken Sie bitte an Ihre To-Do's und Ihre Vorsätze!

Meine Powersätze

✓ Ich finde es toll, dass ich meinen Ängsten und Zweifeln aktiv entgegenwirken kann.

✓ Durch mein starkes Selbstvertrauen haben Ängste und Zweifel keine Macht und Einfluss mehr über mich und meinen Berufsziel-Fokus.

Die ultimative Power-Ziel-Verstärkung

Verstärken Sie Ihr klares Ziel

Vielleicht fragen Sie sich nun, wie Sie in der Alltagsroutine und im Alltagsstress ständig an Ihr klares Ziel erinnern sollen?!

Mit der folgenden **3 Stufen-Umsetzungsstrategie** können Sie Ihren Ziel-Fokus automatisiert aktiv halten.

1. Formulieren Sie einen **Verpflichtungssatz als Verstärker** für Ihre Wunscherfüllung, dann
2. entwickeln Sie daraus einen **Sog mit Ihrem Power-Satz** und
3. danach aktivieren Sie einen **Autofokus** (= automatischer Auslösemechanismus bzw. einen Glücksbringer)

Verpflichtungs-Satz	*Power-Satz*	*Autofokus*
... **ich werde** = Verstärker für Ihren Wunsch	... **ich mache/stelle mir vor** = Sog für Ihren Wunsch	... **Selbstläufer** = ständige Aktivierung aufrecht erhalten
sich 2 x täglich laut vorsagen	sich 2 x täglich laut vorsagen	soll täglich im Augenschein bzw. Fokus sein

> *Je mehr Sie sich damit beschäftigen, dass Sie Ihr Ziel schon erreicht haben, umso schneller und einfacher kommen Sie an Ihr definiertes Ziel. Jeder Profi-Sportler ist deshalb so erfolgreich, weil er sich schon beim Start als erster durchs Ziel kommen sieht!*

Was bedeutet hier Autofokus und wie wirkt dieser?

Hierzu ein Vergleich, damit Sie sich sofort vorstellen können, was ich damit meine:

Stellen Sie sich bitte ein leeres weißes DIN A4 Blatt vor. Auf diesem weißen Blatt malen Sie ungefähr in der Mitte mit einem Stift einen kleinen Punkt darauf.

Das DIN A4 Blatt symbolisiert alles, was Ihr Unterbewusstsein wahrnimmt. Und Ihr Gehirn reduziert und filtert all Ihre Eindrücke auf das Wichtigste und Nötigste. Und dieser kleine Punkt auf dem leeren Papier, ist dann genau das, was Sie bewusst wahrnehmen. Dieser Filtermechanismus ist für uns notwendig, denn sonst würden wir von den täglichen äußeren Einflüssen buchstäblich erschlagen werden. Dieser Filtermechanismus ist uns auch bekannt als Routine, Gewohnheiten, Automatismen etc.

Bei der 3 Stufen-Umsetzungsstrategie hilft Ihnen nun der Autofokus, dass sich Ihr Unterbewusstsein an Ihren **Verpflichtungs-Satz** und **Power-Satz** erinnern soll, obwohl Sie gerade überhaupt nicht daran denken.

Hier der Praxistipp, wie die **3-Stufen-Umsetzungsstrategie** funktioniert:

Sie sagen morgens zu sich selbst, vielleicht auch vor dem Spiegel Ihren **Verpflichtungs-Satz**, wie zum Beispiel
... Ich verpflichte mich, dass ich bei meiner Jobsuche, an mich selbst, meine Talente und Fähigkeiten glaube und mich psychisch TOP-FIT halte.

Als nächstes können Sie sich beispielsweise den folgenden **Power-Satz** sagen
... Es fühlt sich so gut an, bei meinem Wunschberuf endlich meine BeRUFung aktiv ausleben zu können.

Natürlich kann kein Mensch sich den ganzen Tag seinen **Verpflichtungs- und Power-Satz** vorsprechen. Das ist auch so nicht gemeint. Ihr Unterbewusstsein (also das leere A4-Blatt) weiß alles und vergisst nichts. Damit Ihr Unterbewusstsein, von Ihnen Bescheid bekommt, dass Ihnen Ihr Ziel wirklich wichtig ist, verstärken Sie Ihren Wunsch mit diesem Autofokus.

In unserem Beispiel haben Sie an mehreren Stellen in Ihrer Wohnung ein Post-IT aufgehängt mit einem Pfeil nach oben. Sie können dieses Post-IT dann an den ungewöhnlichsten Stellen aufhängen: am Badezimmerspiegel, an der Kühlschranktüre, am Kleiderschrank, auf Ihrem Laptop, am Radio, am Küchenschrank, im Auto auf dem Armaturenbrett etc.

Und jedes Mal, wenn Ihr Auge flüchtig darüber schweift (und Sie es vielleicht überhaupt nicht richtig wahrnehmen) erinnert sich Ihr Unterbewusstsein an Ihren Verpflichtungs- und Powersatz. Somit weiß Ihr Unterbewusstsein, dass Ihnen eine erfolgreiche Jobsuche, mit dem Ziel für Ihren Wunschberuf, auch wirklich wichtig ist!

Auf der nächsten Seite erkläre ich Ihnen die **3-Stufen-Umsetzungsstrategie** ausführlich.

Verpflichtungs-Satz	Power-Satz	Autofokus
Beispiel ... ich werde • step-by-step mein Ziel *(bis Datum)* umsetzen, • für xx Verantwortung übernehmen und • mich belohnen, wenn ich meinen Wunschberuf (Ziel) erreicht habe	**Beispiele ...** • Mir gefällt die Vorstellung ... erreicht zu haben • Es fühlt sich so gut an, wenn ... • Es ist meine feste Absicht, dass ... • Ich bin auf dem besten Weg ...	Suchen Sie sich einen passenden Gegenstand, der Sie tagsüber an die Kraft Ihres Verpflichtungs-Satzes und Power-Satzes erinnern soll (*z. B. einen Talisman, Schlüsselanhänger, Motivationsbild, Post-IT, Musik-Ohrwurm ...*)
Ihr Verpflichtungs-Satz lautet	*Ihr Power-Satz lautet*	*Ihr Glücksbringer ist*

Hier noch zwei weitere Beispiele ...

Verpflichtungs-Satz	Power-Satz	Autofokus
Ich verpflichte mich, zu meinem Wunschberuf noch XY dazu zu lernen	*Mir gefällt die Vorstellung, wenn ich das Zertifikat des XY Kurses zu meinen Bewerbungsunterlagen dazu fügen kann*	*mein Glückskäfer-Anhänger*
Weil ich mich in Englisch nicht so sicher fühle, verpflichte ich mich, einen Online-Business-Englischkurs evtl. auf eigene Kosten zu buchen	*Es fühlt sich so gut an, dass ich in meinem Wunschberuf bei englischen Präsentationen kompetent auftreten kann*	*mein kleiner englischer Wimpel an meinem PC*

Kopieren Sie die Tabelle und hängen diese an mehreren sichtbaren Stellen in Ihrer Wohnung auf. Besonders wichtig dabei ist, dass Sie sich vor dem Einschlafen Ihren **Verpflichtungs-Satz** und **Power-Satz** laut vorsagen ...

Eine mögliche Vorlage, die Sie gerne herauskopieren können:

Verpflichtungssatz
Ich werde ab sofort ...

Powersatz
... ich mache/stelle mir vor ...

Glücksbringer bzw. Auslösemechanismen
*... **Selbstläufer*** hält automatisch die Selbstverpflichtung ohne eigenes Zutun aktiv (z. B. Glücksstein, Figur, Bild etc.)

Sicherlich fallen Ihnen jetzt viele Punkte ein, wie Sie sich, nach dieser powervollen Selbsthilfe-Technik MUT machen können:

👍	*Ich mache mir selbst MUT*
	_____
	_____
	_____
	_____
	_____
	_____

Fokus und Aufmerksamkeit schaffen SOG und formen Ihr Ziel

Real - Mental > schafft Wirklichkeit

Neueste Ergebnisse aus der Lernforschung, Gehirnforschung mit der Neuroplastizität* *(*die revolutionäre Erkenntnis, dass unser Gehirn bis ins hohe Alter veränderbar ist)* unseres Gehirns sowie der Quantenforschung bestätigen, dass wir stets unser Leben bzw. Denken und Handeln selbst beeinflussen und gestalten.

Und genau mit diesen neuen Techniken zeige ich Ihnen, wie Sie mit der vorigen Übung sich ganz bewusst und intensiv Ihren neuen Wunschberuf step-by-step **real-mental** erschaffen können.

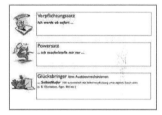

Welche Ideen und Erfahrungen haben Sie schon zu real-mental?

So tun als ob

Folgende Voraussetzungen bringen Sie jetzt mit:

- ✓ Sie kennen Ihren Wunschberuf, ab Seite 37,
- ✓ Sie haben ein festes Ziel und Fokus, ab Seite 83,
- ✓ Sie kennen die Stufen zur Wunscherfüllung, ab Seite 89 und
- ✓ Sie sind mit der richtigen Bewerbungsstrategie aktiv

Die Voraussetzungen für diese Technik sind, je nach Ihren Vorkenntnissen, unterschiedlich. Ihr Gehirn benötigt für **die Real-Mental-Technik** praktische Anhaltspunkte, wie zum Beispiel:

- *Sie kennen schon die typischen Tätigkeiten Ihres Wunschberufes*
- *Wenn nein, ist es jetzt wichtig über eine Hospitation, Probearbeit oder Informationssendungen (Berufe-TV oder YouTube) so ein praktisches Wissen zu erwerben*
- *Schaffen Sie sich aktive Situationen, bei denen Sie schon nah an Ihrem Wunschberuf dran sind*
- *Wenn dies nicht möglich ist, fragen Sie Freunde und Bekannte, die in diesem Wunschberuf oder auch in Ihrer Wunschfirma tätig sind, was so typisch ist für deren Tagesarbeit.*
- *Zusätzlich können Sie sich noch bei Job- und Hausmessen Informationen über Gespräche und Flyer einholen*

Was fällt Ihnen hierzu für Ihre Situation noch ein:

_____

_____

_____

Die Real-Mental-Technik

Die Real-Mental-Technik kann am besten wirken, wenn Sie folgendes beachten:

> ➤ **_Morgens, wenn Sie aufwachen und_**
> ➤ **_Abends, vor dem einschlafen_**

sind die besten Zeiten, wenn Sie sich Ihren Wunschberuf so intensiv wie möglich vorstellen. Je intensiver Sie sich einen positiven und motivierenden Zukunftsfilm vorstellen können und je mehr Sie dabei Ihre Sinne (sehen, hören, fühlen, riechen, schmecken) mit integrieren können, umso besser kann die Real-Mental-Technik wirken.

Sie glauben mir nicht? - Die Wirkweise der Real-Mental-Techniken ist wissenschaftlich bestätigt. Hochleistungssportler setzen diese Technik schon seit vielen Jahren erfolgreich um. Wenn zum Beispiel ein Fußballer einige Wochen vor der WM eine Muskelzerrung hat und er nicht trainieren kann, überbrückt er diese Schon- und Genesungszeit mit einer Real-Mental-Technik. Der Fußballer sitzt im Sessel und schont seinen Fuß und stellt sich dabei sein tägliches Trainingsprogramm intensiv vor. Wäre er an Messgeräten angeschlossen, würden diese Messgeräte fast die gleichen Aktivitäten anzeigen (Blutdruck, Schweißabsonderung, Hormonausschüttungen), als ob er wirklich trainieren würde.

Also, fangen Sie gleich jetzt an, sich Ihren Wunschberuf, mit seiner Umgebung, den neuen Arbeitskollegen, typischen Tätigkeiten, so vorzustellen, wie es für Sie stimmig und wichtig ist!

Gehirnforschung & Co. eröffnen weitere Real-Mental Möglichkeiten

Sind Sie schon von lieben Menschen motiviert worden? Haben Sie dadurch neuen Mut gefasst und mehr Handlungsenergie verspürt? Oder haben Sie selbst schon Menschen geholfen und ihnen Hoffnung und Mut geschenkt?

Können Sie sich auch vorstellen, dass Sie sich mit einer ganz neuen Methode selbst motivieren und aktivieren können?

Sie fragen sich vielleicht: Wie soll das dann überhaupt gehen? Neueste wissenschaftliche Erkenntnisse aus der Quantenphysik, Gehirnforschung, Neuroplastizität unseres Gehirns, die Schmerzforschung und Epigenese uvm. eröffnen uns heute ungeahnte Möglichkeiten! Wir können dabei nur ansatzweise erahnen, was und wie wir unser Gehirn auf vollkommen geniale und einfache Weise für unsere ureigenen Wünsche und Ziele aktivieren bzw. umstrukturieren können.

Genau hierzu haben wir die letzten Monate intensiv recherchiert, in neue, hoch interessante Töpfe geschaut und dann daraus unser geniales **mind-set-movies Power-Zukunftsgestaltungs-Konzept** für verschiedene Power-Videos entwickelt.

Wenn Sie sich mit Verhaltensforschung und mit Quantenphysik beschäftigt haben, wissen Sie auch, dass Sie mit einfachen Anweisungen und Zielvorgaben Ihr Unterbewusstsein vorbereiten (wissenschaftlich sagt man dazu **bahnen**) können, damit so Ihre Wünsche wahr werden.

Die Zeit ist reif für neue Denk- und Handlungs-Strategien

Vielleicht haben Sie schon einmal mit positiven Affirmationen (= Selbstmotivierungssätzen) und/oder einer Visionstafel sich Situationen und Dinge gewünscht.

mind-set-movies sind wesentlich mehr und unser Gehirn kann diese Kombination wesentlich einfacher, intensiver und punktgenauer umsetzen bzw. für uns real werden lassen. Hier unser Rezept dafür:

Das Rezept unserer **mind-set-movies** ...

Man nehme ...

- ✓ einen Tagtraum, Wunschtraum oder eine große **Herausforderung** und
- ✓ mische diese mit motivierenden **Bildern** und
- ✓ passender **Musik** würze diese mit
- ✓ hoch treffsicheren **Powersprüchen** und
- ✓ gebe ganz viel **Gefühl** dazu gemischt mit der
- ✓ vollen **Überzeugung**, all das wert zu sein

... fertig ist dann das

mind-set-movie!

Wir fertigen unsere **mind-set-movies** **Power-Videos** selbst in unserem Studio, für unterschiedlichste Lebenssituationen, Herausforderungen, Wünsche, Träume und Ziele.

Bei den **Powersprüchen** beachten wir, zum Beispiel, dass
- diese auch wirklich positiv formuliert sind und versteckte negative Nebenwirkungen ausgeschlossen sind,
- unbewusste Selbstsabotage-Mechanismen neutralisiert werden,
- dass sich systemische Verstrickungen und unsichtbare Blockaden auflösen können
- und negative Glaubenssätze, negative Erwartungen, negative Gefühle neuronal umgeschrieben werden uvm.

Unsere **mind-set-movies** sind stets Ihre **allerbesten Freunde** und **Mentoren:**
- ✓ sie helfen Ihnen immer und unterstützen Sie,
- ✓ sie schenken Ihnen Mut und Zuversicht,
- ✓ sie glauben bedingungslos an Sie,
- ✓ inspirieren Sie und sind immer für Sie da!

Habe ich Sie neugierig gemacht? Dann schauen Sie doch auf unsere Internetseite, für welche Lebenssituationen wir schon unsere **mind-set-movies** Power-Videos gefertigt haben.

www.mind-set-movies.de

Die folgende Grafik zeigt Ihnen auch, warum die **REAL-MENTAL-Technik** und besonders unsere **mind-set-movies Power-Videos** so wichtig sind!

Wenn Sie diese Mechanismen kennen und step-by-step in Ihrem Leben beachten, werden Sie wirklich nur das in Ihrem Leben bekommen, was Sie sich auch wirklich wünschen.

Diese Erkenntnis bringt uns natürlich in eine ganz neue **Selbstverantwortung und Selbstaktivität.**

Auf den nächsten Seiten bekommen Sie von mir noch weitere hoch wirkungsvolle Praxis-Tipps.

Wofür können Sie - gerade jetzt - dankbar sein?

Fünf Argumente, für die ich gerade jetzt, in diesem Zusammenhang, dankbar bin ...

_____
_____
_____
_____
_____

Zusammenfassung

Folgende Ideen fallen mir zu der Real-Mental-Technik ein, die ich innerhalb 72 Stunden anfangen werde ...

_____
_____
_____
_____
_____
_____

Denken Sie bitte an Ihre To-Do's und Ihre Vorsätze!

Meine Powersätze

✓ Mit den hier beschriebenen Mental-Real Techniken bin ich ab sofort der Chef in meinem eigenen Leben.

✓ Ich finde es toll, dass ich mir MENTAL-REAL step-by-step meine eigene Zukunft selbst herbeidenken kann.

4. Teil

Psychisch TOP-FIT aktiv

Nach deiner Kleidung wirst du empfangen und nach deinen Worten verabschiedet

Psychisch TOP-FIT zur persönlichen Vorstellung

Sie haben einen Termin zur persönlichen Vorstellung bekommen? *Ich gratuliere!*

Einerseits ist die Freude riesen groß. Auf der anderen Seite spüren Sie vielleicht, dass Sie jetzt mit Präsenz, Selbstbewusstsein, Fachkompetenz und Persönlichkeit punkten dürfen. Aus diesem Grund haben die meisten Bewerber vor dem ersten Vorstellungsgespräch einen großen Respekt.

Fünf Argumente, für die ich gerade jetzt, in diesem Zusammenhang, dankbar bin

_____

_____

_____

_____

Ohne Fleiß keinen Preis!

Jetzt ist eine top Vorbereitung angesagt. Für eine erfolgreiche Profi-Vorstellung bekommen meine Coachees von mir jeweils ein ausführliches E-Book, mit vielen Hinweisen und Tipps und natürlich viel Beratungszeit.

Wenn Sie hierzu Hilfe benötigen, informiere ich Sie gerne!

Die 4 TOP-FIT Vorstellungs-Kompetenzen

Je ausgeprägter Sie die vier TOP-FIT Vorstellungs-Kompetenzen verinnerlicht haben, umso erfolgreicher können Sie in der persönlichen Vorstellung punkten!

Bitte lassen Sie die folgende MindMap Übersicht auf sich wirken.

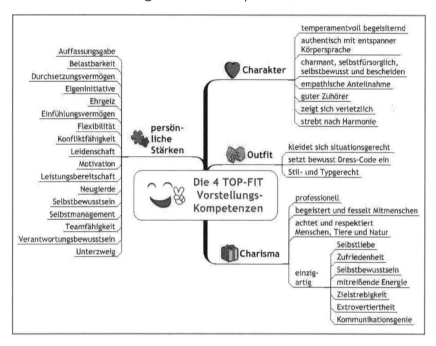

Wo sehen Sie sich bei den einzelnen Kompetenzen?
Was können Sie noch verbessern?

_____
_____
_____

Ihr Charakter

Notieren Sie bitte, welche Kompetenzen auf Sie zutreffen ...

Welche Charakter-Kompetenzen möchten Sie verstärken?

Ihr Outfit

*Welches professionelle **Vorstellungs-Outfit** tragen Sie normalerweise?*

_____

_____

_____

_____

Was könnten Sie an Ihrem Vorstellungs-Outfit noch verbessern?

_____

_____

_____

_____

Ihr Charisma

Welche der angegebenen **Charisma**-Kompetenzen leben Sie?

_____

_____

_____

_____

Welche Charisma-Kompetenzen möchten Sie verstärken?

_____

_____

_____

_____

Ihre persönlichen Stärken

Welche persönlichen **Stärken** *treffen auf Sie zu?*

_____

_____

_____

_____

Welche persönlichen Stärken möchten Sie verstärken?

_____

_____

_____

_____

Vertiefung Ihrer 4 TOP-FIT Vorstellungs-Kompetenzen

Wie fühlen Sie sich, nachdem Sie die 4 TOP-FIT Vorstellungs-Kompetenzen, bearbeitet haben?

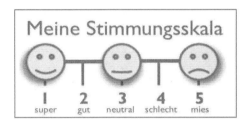

Ich fühle mich gerade so = Ziffer _____

Begründung _____

_____

Sicherlich sind Sie mit mir gleicher Meinung, dass die vorgenannten Kompetenzen

Charakter . Charisma & persönliche Stärken

eng ineinander greifen.

Falls Sie bei den vorigen Kompetenzen doch noch einiges gefunden haben, was Sie verbessern möchten bzw. können, dann helfe ich Ihnen jetzt hier, in diesem Selbsthilfe-Buch, mit weiteren Anregungen und Praxis-Tipps.

Weitere Schritte für bessere Chancen

Hier ein kleiner Auszug der folgenden Aspekte, damit Sie TOP-FIT auftreten können

- *Schriftliche Vorbereitung von möglichen Einstellerfragen beantworten und besonders auf die psychologischen Fallen achten,*
- *intensive Recherche über das Unternehmen,*
- *eigene Bewerbungsunterlagen mit vorgefertigten Fragen an das Unternehmen mitnehmen,*
- *evtl. Arbeitsproben mitbringen,*
- *bei Gehaltsfragen aktuellen Gehaltsspiegel im Internet ermitteln uvm.*

Denken Sie auch unbedingt an Ihre psychisch TOP-FIT Positionierung, indem Sie selbstbewusst und gut vorbereitet sind und mit den 4 TOP-FIT Vorstellungs-Kompetenzen zusätzlich punkten können!

- *Wenn Sie die vorigen Seiten intensiv durchgearbeitet haben, sind Sie automatisch gut vorbereitet.*
- *Denken Sie bitte nochmals an die Ausführungen von Geben und Nehmen und versetzen Sie sich geistig immer wieder in die Rolle des Einstellers bzw. was seine Erwartungen an Sie sein könnten.*
- *Stärken Sie sich mit den passenden Praxis-Tipps aus dem* **6. Teil - Die Praxis-Schatztruhe**, *die Ihnen am besten zusagen.*

Know-how und Fokus für den Arbeitseinsatz von morgen

Psychisch Zukunfts-FIT erfordert eine ganz neue innere Einstellung und Selbstverständnis im Bewerbungsprozess, besonders bei der persönlichen Vorstellung.

Lassen Sie bitte einmal die folgende Gegenüberstellung auf sich wirken. Kreuzen Sie dann ehrlich an, wo Sie sich mit Ihrer bisherigen Arbeitseinstellung sehen. Und vor allem, wie das Ihre Einstellung gegenüber Ihrem früheren, jetzigen bzw. zukünftigen Arbeitgeber geprägt hat.

X	Arbeitseinsatz gestern	Arbeitseinsatz morgen	X
	Ich erfülle die Vorgaben meiner Stellenbeschreibung.	Ich leiste einen wichtigen und sinnvollen Beitrag bei meiner täglichen Arbeit.	
	Ich suche einen Job.	Ich bin für meinen Arbeitgeber ein Problemlöser.	
	Ich bin nur ein kleines Rädchen im Unternehmen meines Arbeitgebers.	Ich bin ein Mensch mit einem einzigartigen Stärken-Mix, die sonst keiner in dieser Kombination hat.	
	Ich bin ein gewöhnlicher Mitarbeiter.	Ich bin eine Lösung.	
	Ich brauche einen Job; stellen sie mich bitte ein.	Sie haben ein gravierendes Problem? - Ich kann Ihnen meine Stärken bieten, um es zu lösen.	
	Hier ist mein Lebenslauf.	Hier ist mein Vorschlag, wie ich Ihnen helfen kann.	

Bei dieser Gegenüberstellung haben meine Coachees bisher zugegeben, dass Sie sich nicht unbedingt unter der Spalte **Arbeitseinsatz morgen** sehen. Die Prägungen vom **Arbeitseinsatz gestern** sind in unserem Kopf, auch durch unsere Gesellschaft, noch stark verankert.

Überlegen Sie daher bitte einmal, wie Sie sich step-by-step an diese **Arbeitseinsatz morgen-Basics** anpassen können.

Folgende Denk- und Handlungsansätze möchte ich zum Arbeitseinsatz morgen in den nächsten 72-Stunden anfangen umzusetzen ...

_____

_____

_____

_____

_____

Ein erster Ansatz könnten Ihre Bewerbungsunterlagen sein. Bitte prüfen Sie diese und aktualisieren Sie Ihre Aussagen.

Psychisch TOP-FIT durch innere Stärke

Sicherlich sind Sie schon zu einigen Vorstellungsgesprächen eingeladen worden. Bitte notieren Sie hier Ihre Erfahrungen

Positiv	Nicht so gut …
Ich habe einen guten Eindruck hinterlassen.	
Ich habe mich stark, kompetent und selbstbewusst gefühlt und wurde so auch vom Einsteller wahrgenommen.	
Meine Kommunikation ist klar und verständlich.	
Ich bin stets gut vorbereitet und habe zuvor viel über das jeweilige Unternehmen recherchiert.	

Wo können Sie sich noch verbessern?
Und wie wollen Sie diese neuen Anregungen umsetzen?

_____

_____

_____

Sie haben die freie Wahl!

Bitte denken Sie daran, dass Sie im Bewerbungsprozess stets die freie Wahl haben.

Nehmen Sie bitte nicht gleich den erstbesten Job!
Leider habe ich immer wieder beobachtet, dass meine Coachees am Anfang unseres gemeinsamen Miteinanders gar nicht mehr im Kopf haben, dass sie bei der Jobsuche auch noch Wahlmöglichkeiten haben!

> Besonders wenn Sie regelmäßig die **Real-Mental-Technik** ausführen, haben Sie jetzt die allerbesten Chancen, dass Sie wirklich Ihren Wunschberuf bekommen können. Sprechen Sie zudem auch regelmäßig Ihre **Energiesätze**.
>
> Und wenn Sie ganz pfiffig sind, dann lassen Sie doch Ihr Gehirn mit unserem **mind-set-movie** Power-Video
>
> **Job-FIT - stark und selbstbestimmt**
>
> step-by-step Ihren Wunschberuf so lange im Gehirn neuronal verschalten, bis Sie sich endlich in Ihrem Wunschberuf, bei Ihrer idealen Firma, mit einem Lächeln und tiefer Freude, arbeiten sehen.
>
> *Mehr Infos **ab Seite 174** in diesem Buch oder unter*
> **www.mind-set-movies.de**

Psycho-Tricks für die persönliche Vorstellung

*Wenn du weißt, was du tust,
kannst du machen, was du willst*

Der gesamte Vorstellungsprozess ist wieder **Psychologie pur**. Was meinen Sie, welche psychologischen Aspekte hier mitwirken können?

> *Zur Psychologie bei der persönlichen Vorstellung fällt mir ein ...*
>
> _____
>
> _____
>
> _____

- Sie haben in einer Dokumentenmappe Ihre Bewerbungsunterlagen, mit Fragebogen und Stift und leerem Papier dabei.
- In der Dokumentenmappe haben Sie unsichtbar den Namen Ihres Ansprechpartners aufgeschrieben (falls Sie ihn schnell vergessen)
- Wenn Sie nervös sein sollten, können Sie sich an Ihrem Stift "festhalten"
- Damit Sie sich besser konzentrieren und ruhiger werden können, machen Sie sich nebenher Notizen über wichtige Aussagen (fragen Sie zuvor, ob es den Einsteller stört!)
- Bei der Frage: "Haben Sie sonst noch irgendwelche Fragen an uns ..." können Sie (falls Sie keine Fragen haben) - mit einem prüfenden Blick auf Ihr Frageblatt schauen und sagen: "Wir haben alles besprochen. Nein, Danke, ich habe sonst keine Fragen mehr ..." oder dann noch auf fehlende Punkte auf Ihrem Papier speziell eingehen.

7 Sekunden - denn für den ersten Eindruck, gibt es keine zweite Chance ...

Psychisch und optisch TOP-FIT mit einem professionellen ersten Eindruck

Was meinen Sie, wie lange (Stunden, Minuten oder Sekunden) wir benötigen, bis wir uns einen ersten Eindruck von unserem Gegenüber gemacht haben? Raten Sie bitte:

_____ **Stunden oder Minuten oder Sekunden**

Um sich einen ersten Eindruck von einem Menschen machen zu können, benötigt unser Gehirn tatsächlich nur ca. 7 Sekunden. Auf der folgenden MindMap sehen Sie, welche Höchstleistung unser Gehirn während dieser ersten 7 Sekunden leistet:

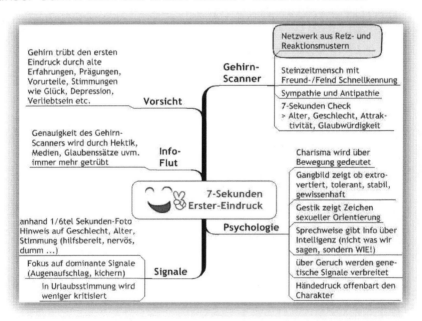

Auf den weiteren Seiten werde ich Ihnen zeigen, wie Sie Ihren **ersten Eindruck** auf einfache Weise optimieren können.

Kleider machen Leute

Nach deiner Kleidung wirst du empfangen und nach deinen Worten verabschiedet!

Mir Ihrer Kleidung, Gestik und Mimik gestalten Sie (meist unbewusst) den ersten Eindruck. Dabei ist Ihre Kleidung Ihre **Visitenkarte** und Ihr Benehmen zeigt Ihre **Kinderstube**.

Fragen Sie sich prinzipiell bei Ihrer Kleiderwahl für einen besonderen Anlass:

Wo gehe ich hin?
Wer erwartet mich?
Und was will ich erreichen?

Jede Berufsgruppe hat seinen eigenen Dress-Code! Bitte achten Sie daher unbedingt darauf.

Prinzipiell gilt bei der Auswahl Ihres Outfits
- *achten Sie auf absolut saubere und tadellose Kleidung*
- *tragen Sie eher konservative Kleidung*
- *Figurbetonung und Schlabberlook sind nicht angebracht*
- **bei Frauen** *wallende Haare vermeiden, nicht zu stark schminken, wenig Parfum und wenig Schmuck, Rocklängen unterhalb der Knie, Kostüm oder Hosenanzug, keine nackten Beine bzw. offene Schuhe*
- *Piercings und Tattoos verdecken*
- *dezente Farben sowie maximal 2 bis 3 Farboptionen (Kleiderfarbe sollte auf Teint und Ihre Augenfarbe abgestimmt sein)*
- *bei weißen Oberteilen unbedingt auf Zahn weiß und Augen weiß achten (bei eher gelblichen Zähnen **nie** ganz helles Weiß tragen, dadurch wirken die Zähne noch gelber)*
- *keine hochhakigen Schuhe, eher Pumps oder Ballerinas*

- **bei Männern** am besten rasiert oder mit gepflegtem Bart und Haarschnitt; entweder Anzug oder eine Kombination tragen
- **Vorsicht bei den folgenden Farben**
  Grau macht unscheinbar, wirkt wie graue Maus, macht optisch kleiner und dicker und
  Rot könnte das Gegenüber aggressiv machen
- schon am Tag zuvor keinen Alkohol trinken sowie keine Zwiebeln und Knoblauch essen
- direkt vor einer persönlichen Vorstellung keine Zigarette rauchen! (Ein Einsteller, der Nichtraucher ist, wird dies als unangenehm empfinden)

**Beachten Sie, nach den vorigen Angaben,
dass Sie sich jedoch in Ihrer Kleidung wohl fühlen sollen!**

Natürlich könnte ich Ihnen zu diesem Thema noch ganz, ganz viele Tipps und Anregungen geben, das würde jedoch leider den Rahmen dieses Buches sprengen.

Wenn Sie hierzu Hilfe benötigen, unterstütze ich Sie gerne
Ich bin autorisierte Ausbilderin für Farb-, Stil- und Imageberater

Die Macht der nonverbalen Kommunikation

Handlung wird allgemein besser verstanden als Worte. Das Zucken einer Augenbraue, und sei es noch so unscheinbar, kann mehr ausdrücken, als hundert Worte! (Charlie Chaplin)

Unsere Gestik, Mimik, Tonfall, Körpersprache spielen so eng und unbewusst ineinander, dass eine Person dies in einer persönlichen Vorstellung nicht unbedingt bewusst steuern kann. Hierzu meine eigene Erfahrung:

> *Vor vielen Jahren hatte ich einmal einen Kurs für **Körpersprache bei der persönlichen Vorstellung** besucht. Ich war danach so irritiert, dass ich mich bei dem nächsten Vorstellungstermin nicht mehr so verhalten konnte, wie ich es sonst tat. Die ganze Zeit hörte ich eine innere Stimme, die mich bei fast jedem Handgriff belehrte oder mich zur Vorsicht ermahnt hatte. "Schau deinem Gegenüber in die Augen; warte, bis du einen Platz angeboten bekommst; setze dich gerade auf den Stuhl; Hände auf den Tisch und so weiter."*

Um sich selbstbewusst bewegen zu können, hilft nur dieser Spruch, der es treffend auf den Punkt bringt:

**Iss zu Hause, als ob du beim König wärst,
dann isst du beim König, als ob du zu Hause wärst.**

Genau zu diesem **Selbstverständnis**, wie sich Ihre unbewusste Körpersprache psychisch TOP FIT beim Vorstellungsgespräch toppen lässt, können Sie gleich ab sofort üben.

Auf dem Markt werden viele Bewerbungstrainings angeboten, bei denen die Teilnehmer in einem gestellten Vorstellungsgespräch gefilmt werden. Dieses Video wird dann in der Gruppe besprochen und reflektiert.

Wenn Sie jedoch in keinem Bewerbungstraining sind und Sie auch kein Video haben und außerdem noch diese Übung lieber ganz für sich alleine machten möchten, dann wird Ihnen die folgende Übung sicherlich gefallen.

So habe ich mich auf meinen ersten Live-Vortrag als Rednerin auf einer großen Messe vorbereitet:

1. *Mein Thema hatte ich wohl strukturiert und auch in wörtlicher Rede am PC vorbereitet: Schritt für Schritt und Wort für Wort. Dabei war ich mir so sicher, dass der Inhalt super toll und professionell war.*
2. *Mein Aufnahmegerät stand bereit, zur Live-Aufnahme!*
3. *Um meinen körpergroßen Spiegel hatte ich (zum ersten Ablesen) meine PC-Seiten ausgedruckt und aufgehängt.*
4. *Dann hatte ich mir vorgestellt, ich würde jetzt vor meinem Publikum stehen, mit Headset und würde gleich anfangen zu reden. Die Aufnahmetaste hatte ich sogleich gedrückt.*
5. *Die Begrüßung war für mich noch stimmig. Die folgenden Sätze jedoch vollkommen daneben. Gestammel hier und Irritation da.*
6. ***Meine große Erkenntnis war: So geht das gar nicht! Total unnatürlich und steif. Wie kann ich nun einen wirklich guten Vortrag liefern?***
7. *Dann mühsam, Schritt für Schritt und wieder Wort für Wort, habe ich meinen Vortrag vor dem Spiegel einfach aus dem Stegreif gesprochen. Danach hatte ich auf meinem PC, anhand der Tonbandaufnahme, die wichtigsten Inhalte aufgeschrieben und daraus ein paar wichtige Folien gefertigt.*

Damit Sie also, wie beim **König** psychisch TOP FIT und gelassen sein können, macht jetzt Übung den Meister. Vielleicht denken Sie sich: Was soll ich denn üben? Das mache ich doch einfach, leicht und locker.

Lassen Sie mich bitte anmerken: Der Profi übt!!

Diese Erfahrung durfte ich bei meiner Mentorin, Frau Vera F. Birkenbihl (Millionen-Bestsellerin, Speakerin und Leiterin des Instituts für gehirn-gerechtes Lehren und Lernen) machen. Ich durfte damals sehr viel von ihr lernen, und ich hatte sie sehr geschätzt. Wenn Sie bedenken, dass Frau Birkenbihl hoch intelligent, redegewandt und schlagfertig war, hat diese Frau dennoch alle ihre Vorträge vorher geübt. Einige Male durfte ich ihr telefonisches Versuchskaninchen sein. Das waren für mich dann richtig spannende Momente, wie klar und strukturiert sie sich jedes Mal vorbereitete.

Die Spiegel-Technik für Ihre persönliche TOP-FIT Vorstellung

Hier Ihre step-by-step Anleitung (gerne auch als Ihre Checkliste):

Weil Sie ja bei der persönlichen Vorstellung sitzen werden, machen Sie Ihre Spiegel-Übung im Sitzen. Schaffen Sie, mit den räumlichen Möglichkeiten die Sie haben, eine Spiegelsituation. Sie sitzen also gegenüber vom Spiegel, und Ihnen gegenüber (also direkt vor dem Spiegel) stellen Sie einen Stuhl hin, auf dem Ihr virtueller Einsteller sitzt. Sie können sich dann, vor dem Spiegel, sozusagen durch Ihren virtuellen Einsteller ansehen.

	Vorbereitung für die Spiegel-Übung	✓
1.	Sie haben ca. 15 bis 20 typische Vorstellungsfragen gesammelt *(aus dem Internet, oder gerne auch bei mir nachfragen!)*	
1.1	diese ca. 20 Vorstellungsfragen schreiben Sie jeweils auf eine kleine Karte *(in Postgartengröße)*	
1.2	bevor Sie jetzt mit der Spiegel-Übung beginnen, beantworten Sie zuvor die gesamten Vorstellungsfragen in Ruhe schriftlich (!) *(handschriftlich oder auch am PC)*	

2.	mischen Sie nun die jeweils einseitig beschriebenen 20 Karten mit den Vorstellungsfragen, ziehen davon 8 Stück und legen diese verdeckt vor sich hin	
ab jetzt sollten Sie vor dem Spiegel (wie oben beschrieben) sitzen!		
3.	Ihre Bewerbungs-Mappe, die Sie *(wie zuvor schon erklärt)* legen Sie vor sich auf den Tisch	
4.	Sie haben nun die 8 gezogenen Kärtchen *(jedoch immer noch verdeckt)* vor sich liegen	
4.1.	ab **jetzt** nehmen Sie Ihr Gespräch auf (mit Handy, oder Diktiergerät etc.)	
4.2	decken Sie jetzt die 1. Karte auf schlüpfen Sie nun in die Rolle des Einstellers und lesen sich selbst diese Karte vor, danach legen Sie diese Karte auf den Stuhl (oder Tisch) Ihres Gegenübers	
4.3	während Sie die Frage beantworten, schauen Sie dabei immer wieder Ihren virtuellen Einsteller an; indem Sie sich selbst im Spiegel sehen; Sie können nun ganz genau erkennen, wie der Einsteller Ihre Worte und Körpersprache wahrnehmen wird	
5.	danach ziehen Sie die nächste Karte und gehen wieder so vor, wie von Punkt 4.1 bis Punkt 4.3	

Ihre Übung muss dabei nicht perfekt sein. Wichtig ist, dass Sie sich selbst bestätigen können, sich wirklich auf dieses Vorstellungsgespräch vorbereitet zu haben. Das wird auch Ihr Gegenüber unbewusst spüren. Auch meine ich mit der Übung nicht, dass Sie die Antworten auswendig lernen sollten!

Sie können diese Spiegel-Technik öfters wiederholen und sich dann, bei jedem Durchgang, nur auf einen Aspekt konzentrieren, wie zum Beispiel:

- Die Qualität und den Inhalt Ihrer Antworten, **Wortfallen**, bzw. automatisierte negative Aussagen.
- Beobachten Sie Ihre **Hände**: Was betreiben diese für ein Eigenleben, während Sie sich die Fragen beantworten?
- Ihre **Mimik**: Haben Sie Ihrem ganzen Gesicht bei Ihren Antworten gesagt, dass es freundlich und optimistisch, hellwach und frohgemut dreinschauen soll?!
- Ihre Körperhaltung: Sitzen Sie aufrecht? Nach dem wohl bekannten Spruch: Brust raus - Schultern nach hinten!
- Ihre Augen: Leuchten diese oder schauen sie oft weg, also nicht in den Spiegel, wo eigentlich der Einsteller sitzt? Können Ihre Augen freundlich den Augenkontakt halten?

Denken Sie bitte an die schon bekannten Wortfallen ...

Natürlich können Sie Ihre Vorstellungssituation mit Freunden und/oder Bekannten üben oder mit einem Profi.

Wenn Sie nun Ihre Bandaufzeichnung abhören, werden Sie hier und da einige Lücken, Wortfallen oder Ungereimtheiten entdecken. Achten Sie bitte nochmals darauf, dass Sie sich in die Rolle Ihres Einstellers versetzen und überlegen: **Was wird er denken, wenn er das von Ihnen so gesagt bekommt?** Wird er einiges anders wahrnehmen als mir es lieb ist?

Absolute **No-Go's** sind, schlecht über die vorige Firma zu reden, über Mobbing-Situationen und über eventuelle Krankheiten. Das kommt nie gut an! Und kann Sie sofort automatisch aus dem Rennen bringen.

Folgende Inhalte möchte ich noch verbessern ...
_____
_____
_____
_____

Loben Sie sich bitte jetzt dafür, dass Sie die **Spiegel-Übung**, gerne auch öfters (!), gemacht haben, auch wenn Sie vielleicht nicht gleich so mit dem Ergebnis zufrieden waren.

👍	***Das habe ich gut gemacht***
	_____
	_____
	_____
	_____
	_____
	_____
	_____

Wenn Sie sich bei den Antworten zu Vorstellungsfragen unsicher fühlen, unterstütze ich Sie gerne.
Auf unserer *Online-Akademie* können wir gerne miteinander Ihre Vorstellung *live* üben

Denken Sie bitte an Ihre To-Do's und Ihre Vorsätze!

Meine Powersätze

✓ Es ist schön zu wissen, dass ich mit meinem neuen Wissen, einen optimalen und professionellen **ersten Eindruck** erzeugen kann.

✓ Ich habe beschlossen, dass ich mich auf persönliche Vorstellungen bestens vorbereiten werde, mit den hier gelernten Praxistipps.

Absagen auf
Bewerbungen
sind wichtige
Wachstumsschritte

Absagen im Bewerbungsprozess

Sie haben viele Bewerbungen verschickt und dann sicherlich auch einige Absagen bekommen.

> ➢ Wie sind Sie bis jetzt damit umgegangen?
> ➢ Welche Gefühle haben Sie dabei gehabt?

Meine bisherigen Erfahrungen bei Bewerbungsabsagen ...

Umgang mit Absagen

Wenn Sie sich auf Stellenanzeigen bewerben oder sogar viele Initiativ-Bewerbungen versenden, müssen Sie zwangsläufig mit Absagen rechnen.

Wie fühlen Sie sich, wenn Sie eine Absage bekommen

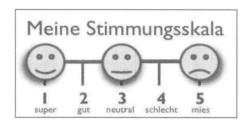

Ich fühle mich bei einer Absage so = Ziffer _____

Der Mensch hat schon immer Angst vor einem **NEIN** bzw. Abweisung. Denn bei einem **NEIN** fühlen wir uns unbewusst persönlich angegriffen. Ein **NEIN** hinterlässt in uns eine tiefe Urangst: ***Der mag mich nicht!*** Hier dürfen wir endlich lernen, umzudenken, um souverän über einem **NEIN** im Bewerbungsprozess stehen zu können.

> *Schon früh auf dem Weg zu meiner Selbständigkeit war für mich ein NEIN immer der Anfang für eine weitere Verhandlung. Also nicht aufgeben, sondern geschickt und souverän in die zweite Runde gehen!*
>
> *Hier ein kleines Beispiel aus meine Anfangszeit als Coach und Beraterin: Ich hatte an einem Workshop teilgenommen "Wie positioniere ich mich als Coach mit meinem speziellen Business (oder so ähnlich)". Nach einer längeren Einführung in das Thema hat jeder Teilnehmer etwas zu seinem Business und seiner Motivation vorsprechen können.*

> *Da ich in meiner Positionierung noch nicht so klar war, hatte der Seminarleiter mich streng angeschaut und zu mir gesagt: "Frau Harder, in dem Bereich, in dem Sie sich positionieren möchten, werden Sie nicht unbedingt auf offene Türen stoßen. Ich würde mich an Ihrer Stelle auf einen einfacheren Bereich konzentrieren ..."*
>
> *Sie können sich sicherlich vorstellen, dass diese Worte, von einem Experten, für mich schon eine niederschmetternde Botschaft waren. Und was meinen Sie, was gleich meine innere spontane Reaktion war: Egal was der mir da prophezeit:* **DEM ZEIG's ICH - JETZT ERST RECHT!!** *Mein innerer Kampfgeist war erwacht!*
>
> *Keine zwei Jahre später hatte ich genau in dem gleichen Seminarhotel und im gleichen Raum zu meinem Thema einen super tollen Workshop geleitet.*

Warum erzähle ich Ihnen das? - Ich möchte Ihnen hiermit Mut machen. Wenn Sie genau wissen, was Ihre BeRUFung ist, dann bleiben Sie dran, egal was andere sagen und meinen! Da könnte auch der **Sanduhr-Effekt** dahinter stecken, den ich Ihnen später erkläre. Außerdem erkläre ich Ihnen auf den folgenden Seiten, welche tieferen Ursachen Ihren Wunschberuf blockieren könnten, natürlich wieder mit praktischen Selbsthilfe-Tipps.

Packen wir's an und machen jetzt voller Begeisterung weiter!

Psychisch TOP-FIT nach Absagen

Sie haben entweder auf eigene Initiative offene Stellenangebote in Onlineportalen, Tageszeitung etc. gesucht und sich beworben. Oder Sie haben von der Agentur für Arbeit Vermittlungsvorschläge bekommen.

Mögliche Absagen auf eine schriftliche Bewerbung

- Sie passen mit Ihrer Ausbildung und Ihrer Qualifikation nicht auf die ausgeschriebene Stelle.
- Sie passen zwar grundsätzlich auf die Stelle, jedoch hat ein Anderer die Stelle bekommen, weil dieser wohl besser zum Team passt.
- die Stelle ist schon von vornherein vergeben, weil man diese nur obligatorisch ausgeschrieben hat.
- Ihre Bewerbungsunterlagen waren nicht aussagekräftig genug oder Sie haben noch zu wenig Praxiserfahrung oder es fehlt noch an der Qualifizierung.

Was waren bei Ihnen die Gründe nach der obigen Aufstellung?

_____

_____

_____

_____

Wie Sie Absagen bei Stellenausschreibungen vermeiden können

- Bewerben Sie sich nur auf wirklich passende Stellenanzeigen und nehmen sich viel Zeit, um mehr Informationen über das Unternehmen herausfiltern bzw. erfahren zu können
- Optimieren Sie Ihre Bewerbungsunterlagen. Besonders, wenn Sie schon länger arbeitssuchend sind und Sie schon viele Absagen bekommen haben, holen Sie sich hierzu am besten professionelle Hilfe!

Machen Sie sich auch bewusst, dass Sie, laut Statistik, bei einer Stellenausschreibung nur ca. 20 % Chancen haben, diese Stelle auch wirklich bekommen zu können.

Leider werden gerade arbeitssuchende Interessenten weniger von Unternehmen bevorzugt, als Bewerber, die noch in Arbeit sind und nicht unbedingt auf diese Stelle angewiesen wären.

Absage nach einem Telefoninterview

Um Zeit und Kosten zu sparen, werden Bewerber in der Vorauswahl oft spontan angerufen oder bekommen einen ersten Termin zu einem Telefoninterview.

- Sie haben nicht damit gerechnet, dass Sie spontan angerufen werden und waren deshalb nicht darauf vorbereitet.
- Sie haben sich für das Telefoninterview nicht gut genug vorbereitet; ebenso haben Sie nicht dafür gesorgt, dass mögliche Störungen und Geräuschquellen ausgeschlossen waren.

Ihr Standby-Modus rund ums Telefon

- Rechnen Sie bei jedem Telefonanruf, dass Sie jetzt gerade der Personalchef Ihrer Wunschfirma anrufen könnte. Daher lächeln Sie immer, bevor Sie den Telefonhörer abheben.
- Weisen Sie sämtliche Familienmitglieder an, wie diese sich am Telefon zu verhalten haben und dass sich jeder mit Vor- und Zuname melden soll (auch Sie selbst!).
- Wenn Sie sich intensiv über die jeweiligen Unternehmen, bei denen Sie sich beworben haben, schlau machen, können Sie auch spontan bei einem unangemeldeten Telefongespräch punkten.

Mögliche Absagen auf eine Initiativbewerbung

Bei einem professionellen Initiativ-Bewerbungskonzept, direkt an mögliche interessante Unternehmen über soziale Netzwerke, liegen Ihre Chancen für eine **Einstellung bei ca. 80 %**.

> *Doch Vorsicht!*
> *Wenn Sie viele Initiativ-Bewerbungen bzw. Initiativ-Telefonate etc. führen, werden Sie auch mit mehreren Absagen rechnen müssen!*

Die folgenden Absagen können sich ergeben

- Ihre Wunschfirma hat wirklich gerade keine Stelle zu vergeben.
- Ihre Bewerbungsform war zu plump, weil Sie nur eine nichtssagende Bewerbung (wie auf eine Stellenanzeige) verschickt haben.
- Sie bekommen vielleicht sogar eine Antwort, dass Sie sich eventuell zu einem späteren Zeitpunkt wieder bewerben können.
- Sie werden dort auf eine Warteliste gesetzt.
- Ihre E-Mail ist im Spam-Ordner verloren gegangen.

Wie Sie Absagen auf Initiativbewerbungen minimieren können

Machen Sie sich bitte bewusst, dass Sie mit einer Initiativbewerbung, wie ein Unternehmen sozusagen **Werbung** für sich selbst machen. Jeder Unternehmer weiß dabei, dass er bei einer Werbeaktion (per Post, Medien, E-Mail etc.) ca. 1 bis 2 % Rückläufe kommen wird. Wenn also 2 % Rückläufe auf eine Werbeaktion kommen, dann war die Aktion sehr erfolgreich. Hier macht also die Masse den Erfolg aus.

Bei einer professionellen **Initiativbewerbungs-Strategie** wird Ihre Rücklaufquote daher eventuell auch im zweistelligen Bereich liegen! Was Sie trotzdem noch verbessern könnten:

- Sie haben sich noch nicht gut genug positioniert und Ihre Praxiserfahrungen, Kompetenzen und Fähigkeiten kommuniziert.
- Ihnen fehlen für Ihren Wunschberuf noch wichtige Zusatzkenntnisse bzw. Qualifikationen.
- Sie haben sich zur falschen Zeit am falschen Ort beworben, versuchen Sie es später noch einmal.

Seien Sie bei Absagen ehrlich zu sich selbst

Bei Absagen ist es stets wichtig, sich wirklich ehrlich zu hinterfragen, ob nicht nur das Unternehmen, die Branche, die Umgebung etc. schuld daran sind. Vielleicht haben Sie sich doch noch nicht intensiv genug mit Ihrem Wunschberuf bzw. Ihrer Wunschfirma beschäftigt? Oder Sie wirken auf Ihre Wunschfirma noch nicht kompetent und begeistert genug uvm.

Notieren Sie sich bitte, was Sie an Ihrem Bewerbungskonzept noch optimieren möchten:

Folgende Punkte möchte ich bei meinem Bewerbungskonzept noch optimieren:

_____

_____

_____

_____

Sind Sie mutig, sprechen Sie mit sich, wie mit einer allerbesten Freundin oder Freund, der noch nicht an sich und seine Fähigkeiten glauben kann:

👍	***Ich mache mir selbst MUT***
	_____
	_____
	_____
	_____

Denken Sie bitte an Ihre To-Do's und Ihre Vorsätze!

Meine Powersätze

✓ Ich weiß nun, dass hinter Absagen viele Gründe stecken können. Daher bin und bleibe ich stets ok und glaube an mich selbst und meine Fähigkeiten.

✓ Jede Absage ist für mich stets ein weiterer Entwicklungsschritt für meine Fachkompetenz. Dafür bin ich dankbar.

5. Teil

Mit innerer Stärke psychisch TOP-FIT

Bin ich viele, und wenn ja, wer sind wir dann?

... wenn Lebensrollen zu Persönlichkeitsteilen werden und diese dann unbewusst unseren Alltag steuern!

Rollen in unserem Alltag

Wer andere kennt ist klug.
Wer sich selbst kennt, ist weise
Lao-Tse

Im täglichen Spagat zwischen Beruf, Karriere, Partnerschaft, Familie, Kinder, Freunde, Auszeit, Lebenszeit uvm. leben wir in sogenannten Rollen.

Was sind überhaupt Rollen?

Jeder kennt Rollen aus dem Theater, Film und Fernsehen. Hier spielt ein Schauspieler eine Rolle nach einem Drehbuch. Und nur ein Schauspieler, der voll in seine Rolle eintaucht, wird ein guter und mitreißender Schauspieler sein.

Viele Rollen wurden uns schon in unserer Kindheit von unseren Eltern, Lehrern, Idolen etc. vorgelebt. Fast zwangsläufig werden wir dadurch in unterschiedliche Rollen gepresst, ob wir wollen oder nicht, ob es uns bewusst ist, oder auch nicht.

Rollen können zum Beispiel sein: Mutter, Vater, Hausfrau, Angestellter, Chef, Dozent, Freund uvm. Wenn wir an die vorgenannten Schauspieler und Rollen denken, sind wir dann vielleicht in unseren Alltagsrollen auch nur gute Schauspieler?

Überlegen Sie bitte einmal, welches Ihre zwei wichtigsten Alltagsrollen sind. Und wie nehmen Sie sich dabei wahr? Füllen Sie hierzu die folgende Tabelle für zwei unterschiedliche Rollen aus:

1. Rolle =	2. Rolle =
Was fühlen Sie?	
Wie ist dabei Ihre Gestik, Mimik, Körperhaltung ...	
Was denken Sie dabei überwiegend?	
Welche Stimmen nehmen Sie in sich dabei wahr?	

Können Sie nun bestätigen, dass Sie sich in den jeweiligen Alltagsrollen unterschiedlich wahrnehmen?

> In jeder Rolle sind wir oft eine ganz andere Person, z. B.:
> - *wir verhalten uns anders*
> - *oft sehen wir sogar ganz anders aus*
> - *wir haben dadurch eine andere Körpersprache*
> - *auch unsere Stimme hört sich oft anders an*
> - *und unsere Gedanken, Gefühle sowie Stimmungen sind dabei sehr unterschiedlich*

Wenn Rollen Persönlichkeitsteile werden

In jeder unserer Alltagsrollen (z. B. als Sohn oder Tochter, Partner oder Partnerin, Angestellter oder Chef ...) denken, fühlen, verhalten und reagieren wir vollkommen unterschiedlich.

Wenn wir nun zum Beispiel **4 Alltagsrollen** mit den **4 Reaktionsebenen** (Gefühle, Körper, Denken, Stimmen) multiplizieren, ergeben sich daraus **16 unterschiedliche Facetten, die wir nun Persönlichkeitsteile nennen**.

Hier der Beweis, dass wir VIELE sind

Die vorige Hochrechnung der Rollen sowie der Reaktions- und Verhaltensweisen beweisen somit, dass wir als einzige Person **VIELE** sind. Daher sind wir in verschiedenen Situationen nicht immer als eine einzelne geschlossene Einheit aktiv. Das hat zur Folge, dass wir von unserer Umwelt in den jeweiligen Rollen mit den vielfältigsten Facetten und Verhaltensweisen unterschiedlich wahrgenommen werden.

Wie fühlen Sie sich, wenn Sie sich selbst als *VIELE* sehen?
Lassen Sie mich auf der nächsten Seite zeigen, was diese neue Wahrnehmung für eine große befreiende Erkenntnis sein kann:

Geteiltes Leid ist halbes Leid

Kritik trifft und macht uns betroffen.

Hierzu lade ich Sie zu einem kleinen Test ein: Stellen Sie sich bitte vor, Sie werden kritisiert, egal ob dabei die Kritik berechtigt oder unberechtigt ist. Wie fühlen Sie sich dann?

- *enttäuscht, frustriert*
- *wütend, ärgerlich, hasserfüllt*
- *rachsüchtig*
- *schuldig, schamvoll, traurig*
- *an sich selbst zweifelnd, sich selbst klein machend*
- *minderwertig*
- *verzweifelt*
- *resigniert oder ohnmächtig*

Sicherlich haben Sie eine oder sogar mehrere der vorgenannten Emotionen erkannt, die Sie fühlen, wenn Sie kritisiert werden. Sie fühlen sich dann zu 100 % wütend, enttäuscht, gekränkt etc.

Dies hat natürlich wieder eine starke Reaktion auf
- Ihr Denken und Fühlen
- Ihre Körperreaktionen
- Ihre Gesundheit
- Ihre Arbeits- und Lebensqualität
- Ihre zwischenmenschliche Beziehungen uvm.

Das muss ab sofort nicht mehr sein, ganz nach dem Sprichwort:

> **Geteiltes Leid ist halbes Leid,
> geteilte Freude ist doppelte Freude**

Bin ich VIELE - die Entlastung!

Bei einer berechtigten Kritik ist jetzt nur noch ein Persönlichkeitsteil von uns dafür verantwortlich, wie zum Beispiel, ein innerer Bestimmer, ein Vergesser, ein Träumer uvm.

So werden wir nicht mehr zu 100 % kritisiert, sondern nur noch z. B. zu 10 % und die restlichen 90 % können somit ok bleiben.

Bin ich VIELE früher und ab heute

Wenn wir also heute kritisiert werden, mit zum Beispiel:

> "Ich habe Ihnen schon so oft gesagt, dass Sie mehr **mit** dem Team und nicht gegen das Team arbeiten sollen. Ständig bekomme ich Klagen, dass Sie sich nichts sagen lassen wollen und immer Ihren eigenen Kopf durchsetzen ..."

- **Früher** ... haben Sie sich als einzige Person, also zu 100 % Vorwürfe gemacht und sich sogar schuldig gefühlt, dass Sie sich nicht besser unter Kontrolle haben. Die Reaktion war dann, dass Sie sich zu 100 % nicht ok gefühlt haben.

> **Heute** ... können Sie mit diesem einen inneren Persönlichkeitsteil, zum Beispiel mit einem Bestimmer oder Einzelkämpfer, ins innere Gespräch gehen und mit dem verhandeln. Und während des ganzen Prozesses wissen Sie stets, dass Sie trotzdem zu mindestens 90 % vollkommen ok sind.

Vielleicht höre ich Sie jetzt denken:

> *Wenn ich das nur schon früher gewusst hätte, dass ich VIELE bin. Da hätte ich mit den vielen Selbstvorwürfen, Wut und Ärger gegen mich selbst sowie Scham und Schuldgefühlen wesentlich entspannter umgehen können.*
>
> *Das nimmt jetzt so viel Druck und destruktive Selbstkritik aus mir heraus. Ich bin also nicht mehr zu 100 % betroffen, sondern immer nur ein oder ein paar Persönlichkeitsteile in mir.*

... und noch eins kann Ihnen damit bewusst werden:

> Wenn zum Beispiel andere etwas falsch machen oder Sie ärgern wollen, dann machen Ihre Mitmenschen dies ja auch nicht zu 100 %. Hier gilt der gleiche Mechanismus: da ist also auch nur irgendein innerer Persönlichkeitsteil oder mehrere Persönlichkeitsteile im anderen aktiv.

> So wissen Sie heute, dass Ihre Mitmenschen Sie nie zu 100 % ärgern oder manipulieren wollen - es ist immer nur ein kleiner Teil ihrer Persönlichkeitsteile mit evtl. 20 % betroffen.

Damit wir alle beisammen haben

Was hat nun dieses neue Wissen, dass Sie **VIELE** sind, in Verbindung mit Ihrer Bewerbungssituation, zu tun?

Sehr viel sogar!

Dieses neue Wissen, dass Sie VIELE sind, kann Sie gerade in Bewerbungssituationen sehr entlasten. Hier ein paar Beispiele. Wenn Sie sich …

- vor und während eines Vorstellungsgesprächs unsicher fühlen,
- nach einer Absage niedergeschlagen und ungerecht behandelt fühlen,
- sich darüber ärgern, dass ein anderer die Stelle bekommen hat,
- Sie sich überfordert und hilflos fühlen, bzw. an sich zweifeln uvm.

Lassen Sie uns hier eine kleine **Inneres-Erfolgsteam Übung** machen, verbunden mit der **Was-will-ich-ANSTATT-Technik**

negative Erfahrungen und Gefühle beim Vorstellungsgespräch	*Was willst Du anstatt?*	Was will ich anstatt!

Sie haben nun Ihre negativen Gedanken und negative Erfahrungen in der linken Spalte aufgeschrieben. Bitte ordnen Sie diese Gefühle und/oder Erfahrungen einmal den hier unten aufgeführten Persönlichkeits-Typen zu, auf die diese Gefühle bzw. Erfahrungen besonders zutreffen. Sicherlich ist jedes Vorstellungsgespräch etwas anders. Trotzdem werden Sie feststellen, dass einige Gefühle und Erfahrungen sich ständig wiederholen.

Bitte kreuzen Sie Ihre immer wieder aufkommenden Persönlichkeits- bzw. Charakter-Typen an:

Samariter	Krieger	Anpasser	Sensibelchen
toller Hecht	Unverwundbare	der Coole	Dünnhäutige
Kritiker	Bremser	Einzelkämpfer	Unsichere
Diplomat	Angreifer	Entwerter	graue Maus
Kontrolleur	Rebell	Helfer	Versager
Idealist	Furie - Choleriker	Schweiger	Schüchterne
Gut-Mensch	Oberlehrer	Verführer(in)	der/die Kleine
Planer	Fanatiker	Vergesser	Tollpatsch
Profi	Zyniker	Vergleicher	Träumer
Antreiber	Neider	Vorbei-Mogler	Trotzkopf
Grübler, Zweifler	Teufelchen	Pessimist	Tyrann
Darsteller	Abblocker	(Heraus)Forderer	Professor

Schauen Sie sich bitte die angekreuzten Typen an und wählen die acht wichtigsten Persönlichkeits-Typen davon aus.

				Einsteller			

Übertragen Sie nun die acht angekreuzten Persönlichkeits-Typen in die oberen Kästchen (unterhalb vom Einsteller).

Wenn all diese Typen beim Vorstellungsgespräch bei einem Vorstellungsgespräch neben Ihnen an Ihrer Seite sitzen, kann dann dieses Vorstellungsgespräch überhaupt erfolgreich ablaufen? Ganz ehrlich: Nicht unbedingt … ODER?

Bei der folgenden Liste markieren Sie die Persönlichkeits-Typen, die Sie optimal unterstützen können, damit Sie stark und selbstbewusst im Vorstellungsgespräch punkten zu können:

Mutmacher	Lebensvertrauer	Selbstvertrauer	Humorist
Selbstmotivierer	Optimist	optimistischer Veränderer	Harmonisierer
Diplomat	Idealist	Planer	Profi
Antreiber	Darsteller	Helfer	Freude-Schenker

Sie haben jetzt bei den zwei letzten Aufgaben die entsprechenden Persönlichkeits-Typen gewissenhaft ausgewählt. Sie haben in dieser Phase reflektiert und selbst entschieden. Oder?
Sie haben also (sprichwörtlich) den Stift, für Ihr Leben, in der Hand gehabt und selbstaktiv gehandelt.

Team-Chef wählt und entscheidet

In der **ersten Übung** haben Sie sich ehrlich reflektiert, die Persönlichkeits-Typen ausgewählt und in die Grafik eingetragen.

In der **zweiten Übung** haben Sie überlegt, welche Persönlichkeits-Typen wichtig wären, damit Ihr Vorstellungsgespräch so verlaufen wird, wie Sie es sich wünschen.

Mit diesen zwei Übungen haben Sie sich nun bewiesen, dass Sie
- ✓ den Überblick haben
- ✓ die erfolgsbringenden Charakteren erkennen und
- ✓ so steuern können

wie Sie Ihre inneren Teammitglieder für wichtige Situationen selbst auswählen und aktivieren können. Ist doch ganz einfach?!

Genauso gehen Sie ab sofort vor, wenn Sie einen wichtigen Termin, wie zum Beispiel einen Vorstellungstermin, einen Telefontermin oder einen Termin bei der Agentur für Arbeit etc. haben.

Schon alleine, dass Sie sich als Team-Chef fühlen und Sie die Kraft haben, sich Ihr inneres Team für Ihre Tagesaktivitäten auszuwählen und zu aktivieren, wird das Ihnen eine ganz neue Selbststeuerung, Selbstwahrnehmung und Selbstsicherheit schenken. Im **Praxis-Teil** finden Sie weitere Ansätze, wie Sie sich selbst besser unterstützen können.

> *Wenn Sie mehr über das innere Team im Alltag und deren praktische Umsetzung erfahren möchten, dann melden Sie sich bei mir. Hierzu haben wir auf unserer Online-Akademie interessante Webinare entwickelt und ausgeschrieben.*

Wie finden Sie diese neue Sichtweise, dass Sie nicht alleine sind und ein tolles Team in sich haben? So können ab sofort, für jede wichtige Entscheidung, Situation, Vorstellung uvm. als Team-Chef Ihre Erfolgs-Mannschaft zusammenstellen und auch tatkräftig mitwirken lassen. Das ist ganz einfach!

*Für die folgenden **Situationen**, werde ich mir meine Erfolgs-Mannschaft zusammenstellen ...*

_____

_____

_____

_____

Folgende Teammitglieder wähle ich als meine Erfolgs-Stammspieler
(siehe hier die Aufzählungstabellen der vorherigen Seiten!)

_____

_____

_____

_____

Denken Sie bitte an Ihre To-Do's und Ihre Vorsätze!

Meine Powersätze

✓ Mir gefällt die Vorstellung, dass ich als kompetenter Team-Chef mir selbst das jeweils passende Team für meine unterschiedlichen Lebenssituationen zusammenstellen kann.

✓ Es ist meine feste Absicht, dass ich mehr und mehr lerne, mein Team kompetent, achtsam und respektvoll zu führen. Keiner wird bevorzugt oder benachteiligt.

Wenn das Leben uns prüfen will

Sind Sie bereit, wenn das Leben Sie jetzt prüft?

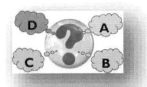

(A) Sie sind sich Ihrem Ziel jetzt ganz sicher.

(B) Sie achten darauf, dass Sie auch so sprechen, damit Ihr Leben bei Ihren Aussagen hört, was Ihnen für Ihr Ziel wichtig ist.

(C) Sie führen Tätigkeiten aus, die Ihnen Türen öffnen können, damit Sie Ihrem Ziel näher kommen.

(D) Sie haben soweit Ihre Ängste und Zweifel erkannt und wandeln diese um in innere Kraft und Zuversicht.

Alles läuft optimal, und Sie sind hoch motiviert ...

- Sie haben also (A) bis (D) sehr gut im Griff;
- Informationen, die Sie gesammelt haben, stärken Sie mit Ihrem Zielfokus;
- Sie haben auch schon die ersten Kontakte geknüpft;
- Einige **zufällige** zielführende Begegnungen zeigen Ihnen, dass Sie auf dem richtigen Weg sind;
- Sie haben unendlich viel Power und sehen sich schon **real-mental** am Ziel.

... und dann auf einmal passieren merkwürdige Dinge ...

- Sie erhalten widersprüchliche Aussagen und Rückmeldungen;
- vorher geknüpfte und erfolgversprechende Kontakte brechen ab;
- Menschen aus Ihrem Umfeld lassen Sie auf einmal an Ihrem Plan zweifeln, weil diese Gegenargumente bringen uvm.

Sie stehen ganz irritiert da und fragen sich jetzt vielleicht:
Ich glaube, ich bin jetzt wohl im falschen Film?
Was ist nun passiert?
Ist das wirklich mein Weg?

NEIN, Sie sind nicht im falschen Film! Und **JA**, das ist und bleibt Ihr wahrer Weg? Sie fragen nun eventuell weiter: *Warum bin ich jetzt in so einer irritierenden Situation? Warum wird nun alles in Frage gestellt?* **Ihre jetzige Situation ist ganz normal.**

Sie sind (nur) mitten im Sanduhr-Effekt
... und das ist ein super positives Zeichen!

Im oberen Bereich Ihrer Sanduhr ist alles super top gelaufen ... und dann fast unsichtbar, wird's buchstäblich enger

An dieser roten Linie, also an dieser engsten Stelle fragt Sie nun das Leben: **Willst du das wirklich?**

Jetzt prüft Sie das Leben und fragt Sie:
- *Willst Du wirklich Dein Ziel zu 100 %, mit sämtlichen Verpflichtungen und Konsequenzen, erreichen?*
- *Bist Du Dir wirklich sicher? Glaubst Du wirklich an Dich und Deine Talente und Fähigkeiten? Und fühlst Du Dich auch wert?*

Genau an dieser Stelle, fragen unsichere Jobsucher Ihre Freunde, Kollegen, Job-Coaches etc., ob das wirklich der richtige Weg ist? Nur diese können wirklich nicht zu 100 % wissen, was Ihre tatsächliche BeRUFung ist!

Das können nur Sie selbst wissen!
Hier steigen also die meisten aus und sagen zu sich selbst: *Das wäre zu schön um wahr zu sein gewesen. Ich hatte mir schon insgeheim gedacht, dass Schwierigkeiten auftreten werden. Ich habe halt kein Glück.*

Wenn Sie jedoch wissen, dass Sie sich jetzt mitten in einer Abschlussprüfung Ihres Lebens befinden, können Sie ganz klar und selbstbewusst darauf reagieren.

OK, liebes Leben. Ich weiß jetzt, dass Du mich prüfen willst! Du willst mich jetzt nur testen, ob mir mein Wunschberuf, bzw. Ziel wirklich wichtig ist und ob ich wirklich an mich und meine Talente und Fähigkeiten glaube. Du testest jetzt, ob ich auch die Disziplin und das nötige Durchhaltevermögen habe!

JA - ICH WILL und JA - ICH ÜBERNEHME die alleinige Verantwortung - und JA ich bin es mir wert, dass sich mein Wunsch erfüllen kann!

Genau jetzt, an diesem Punkt und mit Ihrer inneren Verpflichtung, wird sich der rote Balken auflösen. Vertrauen Sie jetzt nur darauf und glauben Sie an sich, dass auch Sie in Ihrem Wunschberuf arbeiten können ...

Ich weiß nicht, wie oft ich, gerade in heftigsten Krisenzeiten, in diesem Sanduhr-Effekt gefangen war. Und als mir dieser Mechanismus dann endlich bewusst geworden ist und ich dementsprechend gehandelt und mich verpflichtet habe, hat sich diese Blockade stets aufgelöst.

Wofür können Sie - gerade jetzt - dankbar sein?

Fünf Argumente, für die ich gerade jetzt, in diesem Zusammenhang, dankbar bin

_____

_____

_____

_____

_____

Folgende Ideen habe ich zu meinem Sanduhr-Effekt und wie ich dem besonders gegenwirken werde ...

_____

_____

_____

_____

_____

Denken Sie bitte an Ihre To-Do's und Ihre Vorsätze!

Meine Powersätze

✓ Sobald in meiner Zukunftsplanung einiges schief laufen sollte, erinnere ich mich an den Sanduhr-Effekt.

✓ Bei all meinen Entscheidungen werde ich meinem Fixstern und meiner BeRUFung treu bleiben und an mich und meine Fähigkeiten glauben.

Sinn und Ziel können Ihr Mindset stärken

Wer oder was bin ich?

Bitte lösen Sie das folgende Rätsel, bevor Sie weiterlesen?

⇒ Ich bin dein ständiger Begleiter: Auch wenn du mich wegschickst, schleiche ich still und heimlich wieder zu dir zurück.
⇒ Ich werde immer Wirklichkeit, ganz besonders, wenn du vor mir Angst hast.
⇒ Ich will dir niemals etwas Böses tun! Du musst nur wissen, dass ich zwischen GUT und BÖSE nicht unterscheiden kann. Das habe ich nicht gelernt: Ich bin dein gehorsamer Diener und führe eben nur das aus, was du mir anordnest.
⇒ Ich mache Menschen oft hilflos und zu Opfern.
⇒ Ich mache auch Menschen zu Genies und wunderbaren Vorbildern.
⇒ Wie ich funktioniere, wissen nur die wenigsten.
⇒ Ich kann Berge versetzen - für mich gibt es nämlich keine Grenzen.
⇒ Gerade, wenn du eine tolle Geschäftsidee hüten willst, musst du aufpassen, dass mich kein anderer stiehlt.
⇒ Bevor irgendetwas eine handfeste Form annimmt, bin ich zuerst da gewesen.
⇒ Ohne mich würde es bei frisch Verliebten keine Schmetterlinge im Bauch geben.
⇒ Besonders wenn du schläfst, beschenke ich dich mit meiner unendlichen Fantasie.
⇒ Obwohl ich nicht sprechen kann, können besonders Kinder und Tiere mich sprechen hören.
⇒ Ich schenke dir positive und auch negative Energien, je nachdem welche Form du rufst. Das muss aber nicht sein. Du musst nur lernen, mich richtig zu programmieren.
⇒ Du brauchst nicht der Sklave von mir sein. Mit Wissen, Disziplin und Kontrolle kannst du mich lenken, wie du willst.
⇒ Viele haben schon Strategien entwickelt, dass ich zum Lebensfreund und Zauberer eines jeden Menschen werden kann.

Wer bin ich?

Ich bin: _____

Haben Sie das Rätsel lösen können? Die Lösung ist
Ihre Gedanken bzw. Ihr Mindset

Was ist nun ein Mindset?

Die folgende Grafik bringt Ihnen Klarheit

Mindset ist ein englischer Begriff und ein Mix aus unserer
- *Denkweise, Einstellungen und Prägungen*
- *Gesinnung, innere Haltung und Lebensphilosophie sowie*
- *Mentalität, Orientierung und Weltanschauung*

Unser Mindset wird bereits in unserer Kindheit durch all unsere frühen Erinnerungen und Erfahrungen, Konditionierungen so tief geprägt, dass sich dieses Mindset in unserem Alltag, stets unbewusst und automatisch aktiviert. Unser Mindset wird außerdem sehr stark von unserer Umwelt beeinflusst > positiv wie leider auch negativ. Dabei arbeitet unser Mindset im Hintergrund wie ein Filter. Es nimmt hierzu aus unserem Umfeld nur das wahr, was zu seiner Weltanschauung, Erfahrung etc. passt.

Woran erkennen Sie ein eher negatives Mindset?

Menschen mit einem negativen Mindset verhalten sich folgendermaßen und machen dadurch die folgenden Erfahrungen:
- *sie engagieren sich kaum und sind oft müde und antriebslos*
- *sind oft krank und haben ein schwaches Immunsystem*
- *haben eher ein negatives bzw. energieraubendes soziales Netzwerk*
- *ärgern sich viel, kritisieren ständig und sind meistens misstrauisch*
- *Kollegen und Mitmenschen empfinden sie als anstrengend*
- *sie verbreiten ständig Stress und Hektik*
- *stehen nicht zu ihren Fehlern*
- *haben Stress bzw. keine Lust etwas zu lernen*
- *reden über andere schlecht*
- *sie projizieren ihre eigenen unerfüllten Bedürfnisse und Erwartungen auf andere uvm.*

Haben Sie einige der oben genannten Punkte eventuell auch für sich bestätigen können? Das muss so nicht sein bzw. so bleiben. Sie können hier bewusst gegensteuern. Wie, das lernen Sie besonders im **6. Teil - Die Praxis-Schatztruhe**

Woran erkennen Sie ein positives Mindset?

Menschen mit einem positiven Mindset reagieren und verhalten sich beispielsweise so, sie

- ✓ *lieben sich selbst und andere*
- ✓ *setzen sich für ihre Familie, Freunde und Bekannte sowie Arbeitskollegen ein*
- ✓ *helfen und unterstützen gerne*
- ✓ *leisten exzellente Arbeit und übernehmen Verantwortung*
- ✓ *lernen gerne und bilden sich stets weiter*
- ✓ *halten sich raus aus Ratsch und Tratsch*
- ✓ *achten und schätzen ihre Familie, Kollegen, ihre Vorgesetzten sowie Kunden*
- ✓ *sind Teamplayer, die sich selbst und andere motivieren*
- ✓ *können ihre Gefühle zeigen und darüber sprechen, ohne andere dafür verantwortlich zu machen*
- ✓ *nehmen gerne konstruktives Feedback an, um daran wachsen zu können ...*

Reflektieren Sie bitte kurz diese Informationen

Folgendes ist mir jetzt bewusst geworden ...
Meine Selbstverpflichtung ...

Nachhilfeunterricht für Ihr Mindset

Fragen Sie sich eventuell, wie Sie negative Mindset Aktivitäten verändern können?

Hierzu haben Sie schon in den vorigen Kapiteln einige praktische Anweisungen bekommen, wie zum Beispiel:

- ✓ der Mechanismus des **Nicht-Haben-Wollens**
- ✓ Mut-Power und **Energiesätze**
- ✓ Raus aus **Zweifel** und **Wortfallen**
- ✓ 5 Turbo-**TUN**-Schritte
- ✓ **Real-Mental** Technik
- ✓ **Team-Chef** führt sein inneres Team
- ✓ **Zielklarheit** und Zielverstärkung
- ✓ der **Sanduhr-Effekt** uvm.

Die vorgenannten Praxistipps sind hoch wirksam, vorausgesetzt Sie setzen diese auch bei Bedarf ein.

Weitere einfache und hoch wirkungsvolle Praxistipps habe ich für Sie im **6. Teil - Die Praxis-Schatztruhe** gesammelt.

Wenn Gegenspieler aktiv werden ...

Wenn es im Leben spannend wird

Tragödien, Furcht, Drama, Spannung, Mitleid, Helden, Aktion, Spaß und Freude sowie viel Action und Thriller lassen uns tief in einen guten Film eintauchen und damit unseren gewöhnlichen Alltag vergessen. Diese Dynamik lässt und ganz tief eintauchen.

Diese erfolgreichen Filme sind stets nach dem gleichen Muster aufgebaut:

> Stets gibt es einen **Helden**, der ein **Problem** hat und einen **Mentor** trifft, der ihm einen **Plan** zur Problemlösung gibt. Mit diesem Plan geht der Held dann auf die **Heldenreise**. Dabei begegnet er vielen **Widersachern, Schurken, Blendern und Gegenspielern**. Und wie das Leben so spielt, wird er unter allerhöchster Spannung endlich am Schluss alle **Herausforderungen** meistern und als Held gefeiert.

Was heißt das nun in Ihrer jetzigen Lebenssituation? Sie dürfen in Ihrem Lebensfilm also mit Gegenspielern rechnen. Das haben Sie sicherlich schon oft genug erlebt.

Daher ist es jetzt auch wichtig, Ihre Gegenspieler kennenzulernen. Ich meine hier nicht unbedingt Ihre Zweifler oder den Sanduhr-Effekt, sondern es gibt (leider) noch mehr Gegenspieler, die unser Leben so aufregend und spannend machen. Also seien Sie weiter gespannt!

Jetzt kommen Gegenspieler

Damit Sie schnell feststellen, was ich mit Gegenspieler meine, erzähle ich Ihnen hier eine wahre Geschichte aus meinen Job-Coachings ...

> Ich hatte einen Medizinstudenten in meinem Coaching, der der geborene Kinderarzt war. Er war schon Vater einer kleinen Tochter und wollte so schnell wie möglich als Assistenzarzt Geld für seine kleine Familie verdienen. - Sein sehnlichster Wunsch war, als Kinderarzt arbeiten zu können und was hatte er (auf die Schnelle) damals angenommen? Eine Stelle als Anästhesist! Er war sein eigenes Opfer der Situation. Wenn er mehr Vertrauen in seine Stärken gehabt hätte, dann hätte er sicherlich eine Assistenzstelle als Kinderarzt angezogen.

Haben Sie so ähnliche Erfahrungen eventuell auch schon gemacht:

- Sie wollten mit Ihrem Wunschberuf starten und haben dann durch viele Stolpersteine einen anderen Beruf gelernt?
- Sie wünschen sich ein Luxusauto und dann reicht Ihr Erspartes oder Ihr Verdienst nur für einen Kleinwagen
- Sie wünschen sich nur ein Eis mit Sahne und Sie bekommen eine Miniportion Eis, weil die Sahne schon leider ausverkauft ist ... uvm.

Was ist hierbei schief gelaufen?

In solchen Situationen, beruhigen wir uns dann und sagen eventuell: Ich muss ja eh abnehmen, dann ist es gerade recht, dass die Sahne ausgegangen ist. Oder bei dem Alternativberuf reden wir uns ein, dass die Arbeitszeiten und der Verdienst besser sind und wir durch einen kürzeren Anfahrtsweg mehr Freizeit haben.

Oft passiert es uns auch, wenn wir einen Wunsch nicht 1 : 1 geliefert bekommen, wir dann vielleicht die folgenden Ausreden finden: *Hätten mich meine Eltern früher zu dieser Schule anmelden lassen, wäre ich bestimmt noch aufgenommen worden. Oder wären meine Eltern nicht so arm gewesen, hätte ich studieren können* uvm.

Sind wir mit solchen Ergebnissen dann wirklich glücklich? Doch wohl eher nicht. Genau diese Situationen zeigen uns, dass unbewusste Gegenspieler aktiv sind!

In welchen Ihrer wichtigen Lebenssituationen sind Gegenspieler aktiv gewesen? Bitte beschreiben Sie diese.

Folgenden Situationen in meinem Leben hätten anders sein sollen bzw. können ...

_____

_____

_____

_____

_____

Auf der Suche nach dem Haupt-Gegenspieler

Bevor ich Ihnen unseren Hauptgegenspieler erkläre, lade ich Sie zu einem kleinen Test ein:

☺ sehe ich mich nicht (mehr)

😐 gelegentlich mache ich es noch

☹ das mache ich ständig so

	☺	😐	☹
Unangenehmes schiebe ich gerne vor mir her			
Ich kann nicht NEIN sagen, daher werde ich ständig mit Zusatzarbeiten, Gefälligkeitstätigkeiten uvm. überschüttet			
Mit mir selbst bin ich besonders kritisch, streng und diszipliniert			
Ich zweifle oft an mir selbst und habe Angst, die falsche Entscheidung zu treffen oder zu versagen			
Über andere reden (lästern) ist doch ganz normal			
Ich höre mich oft sagen oder denken, dass andere schuld sind, hätten aufpassen müssen uvm.			

Haben Sie alle Aussagen mit ☺ beantwortet? Wenn nein, dann sind Sie nicht alleine. Ich zeige Ihnen gleich mehr, warum wir so denken, sprechen und handeln, wie wir es eben tun. Prüfen Sie Ihre vorherigen Spalten und vergleichen Sie diese mit den unteren Aussagen

☺ Sie leben in der Optimisten-Power pur

😐 hier schwächt Sie ein anerzogener Zweck-Pessimismus

☹ Sie sind in der Pessimisten-Falle gefangen

Bevor wir weiter machen, beantworten Sie noch bitte die folgenden Fragen (Stichworte genügen).

Überlegen Sie bitte einmal, welche unbewussten bzw. erlernten Erwartungshaltungen Ihnen einfallen (zum Beispiel aus Ihrer Kindheit, aus Ihrem Umfeld, Nachrichtenmeldungen über die Sie nachdenken etc.)
Beispiel: Mich mag eh niemand oder Bei der Arbeit wird einem nichts geschenkt ...

_____

_____

_____

_____

Wo schlummern in Ihnen Befürchtungen und Ängste vor Gefahren, die jedoch noch nie eingetreten sind (also eingebildete Gefahren)
Beispiel: Angst vor Fehlern machen, Angst vor Terrorismus oder einem Krieg

_____

_____

_____

_____

Gerade, wenn es Ihnen nicht so gut geht, wie machen sich dann in Ihrem Denken Hilflosigkeit und Resignation breit?
Beispiel: Ich schaff das sowieso nicht ... Ich weiß nicht was ich wirklich will ... Mir kann man ja eh nicht helfen ...

_____

_____

_____

_____

Als grobe Orientierung gehen wir vorerst davon aus, dass es Optimisten und Pessimisten gibt.

Bei den vorigen Fragen haben wir eher die Pessimisten-Fakten hinterfragt. Wieviel der vorigen Fragen sind Ihnen bekannt und treffen auch auf Sie zu?

Als Sie jedoch noch ein kleines abenteuerlustiges Kind waren, waren Sie voller Freude, Zuversicht und Optimismus. Pessimismus wird uns also beigebracht. Das wird auch als **Zweck-Pessimismus** beschrieben. Alles Negative hat dadurch einen wichtigen Grund. Das hat dann zur Folge, dass solche Mechanismen nicht mehr in Frage gestellt werden. Dieser unbewusste negative Sog bringt uns dadurch das, was wir ja gar nicht haben wollen und wir wundern uns, warum uns eine Pechsträhne oder Unglück etc. immer wieder überfällt.

Optimist oder Pessimist

Lassen Sie bitte die folgende Gegenüberstellung einmal auf sich wirken:

Optimist	Pessimist
• sie schaffen sich stets positive Erfahrungen	• sie schaffen sich stets unbewusst negative Erfahrungen
• sieht die Welt und das Leben bunt	• sieht die Welt und das Leben nur schwarz-weiß
• sie sehen in allem und jedem eine positive Absicht	• sie sehen in allem und jedem eine negative Absicht und bewerten alles
• sie strahlen dadurch positive Energien aus	• sie strahlen dadurch negative Energien aus
• und bekommen somit wieder positive Energien zurück	• und bekommen somit Probleme, Pleiten, Pech und Pannen zurück
bei Optimisten ist der:	bei Pessimisten ist der:
PLACEBO-Effekt aktiv	**NOCEBO-Effekt** aktiv
Der PLACEBO-Effekt wird schon seit Jahrzehnten beforscht; hier hat das Gehirn umgeschaltet auf: *Ich werde mir und anderen helfen.*	Der NOCEBO-Effekt wird erst seit 2009 beforscht; hier hat das Gehirn umgeschaltet auf: *Ich werde mir selbst und anderen schaden.*

Sehen Sie sich eher als Optimist oder eher als Pessimist? Und wenn ja, zu wieviel Prozent?

Ich sehe mich zu ____ **% als** _____

Bitte reflektieren Sie den vorigen Test und die Informationen über die Qualitäten von Optimisten und Pessimisten.

Folgende Verhaltensweisen und Ansichten werde ich mehr zu meiner Optimisten-Power optimieren ...

_____

_____

_____

_____

Wie wird Ihr Umfeld feststellen, dass Sie ganz bewusst die Optimisten-Power leben und sich mehr dazu verpflichtet haben?

Mein Umfeld wird auf meine Optimisten-Power so reagieren ...

_____

_____

_____

_____

Warum ist das Leben so kompliziert?

Warum können wir nicht einfach frei, glücklich, harmonisch, selbstbestimmt und wohlhabend leben?
Sind vielleicht unsere Eltern daran schuld, die Regierung oder höhere Mächte oder ...? Die Wissenschaft gibt uns hier eine klare Antwort!

Sicherlich haben Sie schon die folgenden Vorsätze beschlossen:
- Verpflichtungen mit sich selbst, wie zum Beispiel mehr Sport treiben oder sich gesünder ernähren uvm.
- auf die täglichen Süßigkeiten oder das Rauchen verzichten
- lästige Verhaltensweisen ändern
- sich nicht mehr ausnützen lassen uvm.

Fehlt es Ihnen an Willenskraft, Selbstdisziplin, Charakter, Mut, Durchhaltevermögen, Glück oder Hilfe von außen?

> *Wenn Sie nicht das bekommen, was Sie wollen und wenn Sie wieder das bekommen, was Sie nicht wollen, dann sind NOCEBO-Effekte in Ihrem Leben aktiv!*

NOCEBO-Effekt wird beforscht

Über die NOCEBO-Effekte wird erst seit ca. 2009 in Fachzeitschriften berichtet. Bekannte Medien berichten hierüber in vielen Dokumentationsserien, wie zum Beispiel ZDF Abenteuer Forschung, Uni Kiel, Uni Mainz, Quarks & Co. uvm.

Mit der folgenden Checkliste können Sie versteckte NOCEBO-Effekte aufdecken

Bei folgenden Tagessituationen bzw. Handlungen sind NOCEBO-Effekte (= Selbstsabotage-Mechanismen) aktiv:

- ☑ unbewusst erlernte Erwartungshaltungen bzw. Verhalten und Gewohnheiten
- ☑ Überzeugungen + negative Ich-Bewertungen
- ☑ Befürchtungen, Verunsicherungen, Ängste sowie negative Vorahnungen bzw. Gefahren
- ☑ Misstrauen, Stress, Ärger, Neid, Hass, Schuld, Scham, Hochmut
- ☑ Resignation und Hilflosigkeit

Sind NOCEBO-Effekte gefährlich? - JA
Wollen diese NOCEBO-Effekte uns schaden? - Nein

NOCEBO-Effekte - Die Kernaussage

Selbstsabotage-Mechanismen und Selbstschutz-Strategien entwickeln sich in jedem Menschen selbst. Sie fangen schon früh in jedem Menschen selbst, durch äußere Erfahrungen und Prägungen an. Diese Erfahrungen, Prägungen, Meinungen, Glaubenssätze etc. wirken dann als Schaltzentrale in unserem Kopf bzw. bei unserem eigenen Denken und Fühlen.

Die von unserem Umfeld (Familie, Freunde, Gesellschaft) vorgelebte und anerzogene Selbstsabotage-Mechanismen werden tagtäglich noch zusätzlich durch Stress und Hektik im Job, unsere Kultur, den Medien, unserem Umfeld uvm. verstärkt.

Diese inneren Selbstsabotage-Mechanismen werden dann auf Mitmenschen bzw. Situationen projiziert bzw. übertragen, wie zum Beispiel:

- *Wenn mich meine Eltern hätten XY Beruf lernen lassen, dann ...*
- *Wenn ich diesen Unfall nicht gehabt hätte, dann hätte ich meinen Job nicht verloren uvm.*

NOCEBO-Effekte können sehr gefährlich sein. Sie verändern unseren Charakter und blockieren unsere Talente und Fähigkeiten. Dadurch leben wir eventuell ein Leben, wie wir es überhaupt nicht so haben wollen und denken dann:

Da kann ich doch eh nichts daran ändern.
So ist das einfach Leben.

Positive Absicht des NOCEBO-Effekts

Selbstsabotage-Mechanismen (= NOCEBO-Effekte) gibt es schon lange durch kulturelle Einflüsse sowie der ständig wachsende Druck, Stress, Hektik, zwischenmenschliche Konflikte, Ehescheidungen, keine Zeit für Kindererziehung. Besonders durch die negative Macht der Medien, PC-Spiele uvm. werden die NOCEBO-Effekte noch aktiver. Persönlichkeitsfördernde Vorbilder gibt es auch immer weniger.

NOCEBO-Effekte wollen uns jedoch nur zum Handeln auffordern:

- ✓ zur aktiven Selbstfindung, Selbstfürsorge und Selbstliebe,
- ✓ Bindungen wertschätzend leben,
- ✓ tagtäglich mit neuem Wissen über uns hinauswachsen,
- ✓ zur (Selbst-)Verantwortung für unser Denken, Sprechen und Handeln

NOCEBO-Effekte erinnern uns ebenso daran, dass wir alle über Energiefelder miteinander verbunden sind.

Und dass wir ein Teil der Natur sind und uns an ganz bestimmte Natur- und Lebensregeln halten dürfen.

Überlegen Sie bitte, wie Sie CHANGE-NOCEBO Handlungen in Ihrem Alltag ein- und umsetzen können.

Ich werde zu meiner **Selbstfindung** & Co. folgendes tun:

_____

_____

_____

Ich werde meine **sozialen Kontakte** wie folgt mehr leben:

_____

_____

_____

Für mein tägliches **Über-mich-Hinauswachsen** (also lernen) werde ich folgendes umsetzen:

_____

_____

_____

Ich übernehme ab sofort **Verantwortung für mein Denken** und setze das folgendermaßen um:

_____

_____

_____

Ich übernehme ab sofort **Verantwortung für mein Sprechen** und setze das folgendermaßen um:

_____

_____

_____

Ich übernehme ab sofort **Verantwortung für mein Handeln** und setze das folgendermaßen um:

_____

_____

_____

Wie Selbstsabotage-Mechanismen unsere Bewerbungsdaten beeinflussen ...

Auf der Suche nach Selbstsabotage-Mechanismen im Bewerbungsprozess

Können Sie sich vorstellen, dass Sie sich in Ihrer
- Bewerbungsvorbereitung,
- mit Ihren Bewerbungsunterlagen,
- bei der persönlichen Vorstellung,
- bis hin zu Ihrer Bewerbungsstrategie

teilweise selbst im Wege stehen könnten?

Überlegen Sie bitte, wo und wie Sie sich eventuell auf dem Weg zu Ihrem Wunschberuf im Wege stehen könnten:

Vermutlich gibt es in meinem Bewerbungsprozess folgende Stolpersteine bzw. Selbstsabotage-Mechanismen ...

_____

_____

_____

_____

Schulzeit . Schulabschluss bzw. Studium

Bitte prüfen Sie mit dem kleinen Test, ob sich bei Ihnen eventuell Selbstsabotage-Mechanismen eingeschlichen haben

☺ nein / 😐 gelegentlich / ☹ ja

	☺	😐	☹
Haben Ihre Eltern von Ihnen erwartet, dass Sie einen guten Schulabschluss machen müssen, und Sie dadurch unter starkem Druck gelernt haben oder vielleicht mit Trotz und Widerstand reagiert haben?			
Hatten Sie oft Frust so viel Unnützes lernen zu müssen?			
Hatten Sie oft Versagensängste oder Angst vor schlechten Noten?			
Hatten Sie Stress mit den Lehrern und/oder Mitschüler?			
Haben Sie nicht Ihre Wunschschule bzw. Studium besuchen können?			

Wenn Sie mehr **JA** als **NEIN** angekreuzt haben, fragen Sie sich bitte, ob Sie sich haben wirklich selbst verwirklichen können?

Was fällt Ihnen zu den oben genannten Fragen spontan ein?

_____

_____

_____

Mögliche NOCEBO-Effekte könnten hier dahinter versteckt sein:

- ✓ Erwartungen und Konditionierungen der Eltern, wie z. B.
  "Mein Kind soll es einmal besser haben und soll Karriere machen, um jeden Preis."
  "Was denken denn die anderen, wenn unser Kind nicht XY erreicht?"
- ✓ Mangelnde Unterstützung bzw. Interesse der Eltern, da diese mit sich selbst Stress oder frustriert im Job hatten oder zu sehr auf ihre eigene Karriere konzentriert oder sogar lange arbeitssuchend waren ...
  "Ich schaffe das nie, was ich gerne studieren oder lernen möchte, weil ich von meinen Eltern keine Unterstützung bekomme"
  "Weil mir meine Eltern nichts zutrauen, kann ich XY sowieso nicht erreichen ..."
  "Weil wir kein Geld haben, kann ich nicht studieren uvm."
- ✓ Durch Patchwork-Familien Situationen
  "Mir hilft ja eh niemand, weil ich ein uneheliches Kind bin; oder weil meine Stiefgeschwister die einzig BESTEN sind uvm."

Falls eine der vorigen Aussagen auf Sie zutreffen sollte, werden die Übungen aus dem Praxis-Teil und auch der vorigen Energie-Sätze Ihnen helfen, diese alten unbewusst blockierenden Energien neutralisieren zu können.

Berufseinstieg bzw. Studium

Sie haben sich, trotz reichlicher Recherche, Beratung, mehrere Praktika und intensiver Überlegungen für

- ➢ das falsche Studium bzw.
- ➢ den falschen Beruf

entschieden.

Dann könnten eventuell folgende Selbstsabotage-Mechanismen in Ihnen aktiv sein:

- ✓ Übernommene Meinungen der Eltern, Lehrer usw.
  "Lern du einen Beruf, der Zukunft hat und der gut bezahlt wird!"
- ✓ Erwartungen aus der Familie bzw. dem Umfeld
  "Du wirst im Handwerksbetrieb deines Vaters mitarbeiten, damit du später dann das Geschäft übernehmen kannst."
  "Was, du willst studieren? Wir, deine Eltern, haben mit einem einfachen Beruf auch viel erreicht!"
  "Warum soll ich weit weg von zu Hause lernen bzw. studieren, hier vor Ort ist es einfach bequemer."
- ✓ Sich selbst nichts zutrauen
  "Ich würde schon gerne XY studieren (oder lernen), aber ich glaube nicht, dass ich den Abschluss schaffen werde."

Selbstsabotage-Mechanismen hinterlassen leider Spuren. Sie können jedoch jederzeit die folgenden Stolpersteine in Ihrem Lebenslauf und besonders bei einer persönlichen Vorstellung

- einen ungenügenden Schulabschluss,
- ein abgebrochenes Studium, bzw.
- einen missglückten Berufseinstieg mit einem oder mehreren Ausbildungsabbrüchen etc.

für den Bewerbungsprozess ins rechte Licht rücken!

> **Wenn Sie hierzu Hilfe benötigen, begleite ich Sie gerne!**
> **Schicken Sie mir einfach eine kurze E-Mail**
> **monika.harder@t-online.de**

Die vorgenannten Stolpersteine werden dann gerne in den Bewerbungsunterlagen vertuscht oder weggemauschelt oder vieles mehr ... Jedoch haben diese Mauscheleien "kurze Beine". Solche Ungereimtheiten wird ein professioneller Einsteller sofort durch seine jahrelange Erfahrung spüren und erkennen.

> *Genau für solche vorgenannten Kriterien habe ich mein ganzes Bewerbungs- und Karriere-Coaching ausgerichtet und stets erfolgreich mit und für meine Coachees umgesetzt.*

Weitere Stolpersteine während der beruflichen Laufbahn

Sie haben in Ihrem Job stets Ihr Bestes gegeben. Trotzdem wurden Sie gekündigt oder nicht Ihrer Leistung gemäß entlohnt.

Oder Sie haben meist unüberlegt sofort gekündigt, wenn Ihnen an Ihrer neuen Arbeitsstelle etwas nicht gepasst hat. Durch diese häufigen Stellenwechsel und/oder auch durch einige unbefristete Arbeitsverträge, wirken sich die vielen Arbeitsstellen in Ihrem Lebenslauf nicht besonders optimal aus.

Dann könnten eventuell die folgenden Selbstsabotage-Mechanismen aktiv sein:

- ✓ Übernommene Meinungen bzw. Überzeugungen der Eltern
  "Arbeitgeber beuten einen nur aus ... oder ... Arbeit ist kein Wunschkonzert"

- ✓ Negative ICH-Bewertungen
  "Warum soll gerade ich mit einem idealen Wunschberuf glücklich sein können?"

- ✓ Erlernte Hilflosigkeit
  "Weil wir (zum Beispiel) arm sind, sind wir schon immer von der Gesellschaft her benachteiligt gewesen. Warum soll es mir dann besser gehen können, als meiner Familie?!"

Auch diese Selbstsabotage-Mechanismen hinterlassen Spuren. Sie lernen, wie Sie diese Stolpersteine in Ihrer beruflichen Laufbahn im Lebenslauf bzw. auch bei Ihrer persönlichen Vorstellung, bei folgenden vergangenen Situationen, wie zum Beispiel:

- Kündigungen (oft sogar bedingt durch befristete Zeitarbeitsverträge),
- besonders Aufhebungsverträge oder Kündigungen (im gegenseitigen Einvernehmen),
- längere Krankheiten bzw. Reha-Maßnahmen,
- zu langes Studium bzw. mehrere Qualifizierungen ohne praktische Erfahrungen uvm.

sogar psychologisch geschickt, bei einem der obigen Aussagen, Plus-Punkte sammeln können!

Dies ist alles nur eine Frage der richtigen Argumentation und dem Grad Ihres Selbstbewusstseins.

Stolpersteine bei Ihrer Selbstdarstellung

Während Ihres ganzen Bewerbungsprozesses können Sie in zwei psychologische Fallen geraten, wenn Sie sich Ihrer Talente und Fähigkeiten nicht bewusst sind:

1. Sie können zu "dick" auftragen (was ein guter Einsteller sofort bemerkt) oder
2. Sie sind viel zu zaghaft, unsicher und trauen sich nicht, sich selbstbewusst ins rechte Licht zu rücken.

Was ist dabei der rechte Mittelweg?
Und wo sind hier die Selbstsabotage-Mechanismen versteckt?
Wenn Berufstätige unverschuldet oder verschuldet arbeitslos werden, fällt der Selbstwert schleichend in den Keller mit den folgenden inneren Gedanken, wie zum Beispiel: *"Mich will ja eh keiner ... Ich habe nur Pech ... Immer haben die anderen Glück ..."*

Auch hier gibt es bei Ihrer Selbstdarstellung folgende Lösungsansätze:

- bei unliebsamen Fragen, selbstbewusst und souverän die wirklich einstellungsfördernden Antworten geben zu können,
- vermeintliche Unzulänglichkeiten als "bewältigte positive Wachstumsaufgaben" verinnerlichen und kommunizieren können,
- zu Karriere hemmenden Fakten selbstbewusst stehen und diese als Stärken kommunizieren lernen uvm.

Die äußere Form und besonders der Inhalt Ihrer Bewerbungsunterlagen sagen viel über Sie und besonders Ihre Innenwelt (psychische Prozesse) aus, lernen Sie diese selbst so zu definieren, wie Sie wollen, dass ein Einsteller Sie wahrnehmen soll.

Mit zu hohen Erwartungen sich selbst sabotieren

Viele haben nach einer missglückten Tätigkeit die folgenden hoffnungsvollen Sätze bzw. Erwartungen im Kopf.

Im neuen Job wird alles besser ...
- da werde ich sicherlich besser bezahlt,
- da kann ich mit einem tollen Team zusammen arbeiten,
- da habe ich dann einen super Chef,
- mit den idealsten Rahmenbedingungen uvm.

Dann könnten eventuell die folgenden Selbstsabotage-Mechanismen aktiv sein:

- ✓ Unbewusste Befürchtungen und Ängste könnten sich im neuen Job wiederholen
  Und genau mit dieser inneren Angst, werden sich früher oder später Stress, Konflikte bis hin zu Mobbing mit Arbeitskollegen und/oder Chefs wiederholen.
- ✓ Unbewusstes Verhalten und Gewohnheiten bzw. Selbstschutzmechanismen werden aufgebaut
  "Ich lasse bei meinem neuen Job die Arbeitskollegen nicht an mich ran."
  "Ich werde dieses Mal Beruf und Privat strikt trennen."
  "Vorsicht ist angesagt, damit ich alten Situationen, wie Ratsch und Tratsch, nicht mehr ausgeliefert bin etc."

Gerade weil diese, oder ähnliche vorgenannten negativen Erfahrungen im Job, so viel inneren Schmerz bereiten, oder wütend bzw. hilflos machen, sind gerade jetzt das bewusste Hinschauen und eine ehrliche Selbstreflektion absolut wichtig!

Sie können jetzt lernen, wie Sie die vorgenannten Erwartungen für den neuen Job auf unsichtbare NOCEBO-Effekte reflektieren und die dahinter versteckten Ängste erkennen und auflösen, wie zum Beispiel:

RAUS aus ...	alten negativen Erfahrungen, wie Manipulationen, Frustrationen, Konflikte, Unterbezahlung, Machtspielchen etc.
REIN in ...	*Ich bin ok und du bist ok!* Ich bin selbstbestimmt und werde respektiert, geachtet und gewertschätzt **umdeuten**

> *Fakt ist:*
> *Ich nehme mich immer - mit all meinen unbewussten Selbstsabotage-Mechanismen, Projektionen und daraus bedingten Wechselwirkungen - mit in den neuen Job!*

Im 6. Teil - Die Praxis-Schatztruhe finden Sie ganz viele Selbsthilfe-Tipps, wie Sie eine mögliche Pessimisten-Power drastisch minieren können und in eine Erfolg bringende Optimisten-Power wandeln können. Seien Sie also gespannt!

Warum Optimisten im Bewerbungsprozess mehr Chancen haben

Optimistische Menschen werden im Bewerbungsprozess natürlich bevorzugt. Jedoch spürt ein Einsteller, ob jemand nur vorgibt ein Optimist zu sein oder ob er wirklich optimistisch ist.

Wenn ein Unternehmen eine **Stellenanzeige** aufgibt, hat es ein **Problem**. Und für dieses Problem sucht ein Unternehmen eine Lösung, indem es den idealen Mitarbeiter findet und einstellt.

Und da frage ich Sie:
Wer kann ein Problem besser lösen > ein **Optimist** oder ein **Pessimist**? Genau, ein Optimist wird sicherlich stets eine ideale Lösung finden.

Sie haben sicherlich auch schon in früheren Arbeitsteams festgestellt, wie sich das Arbeitsklima schlagartig verändern kann, wenn da ein Miesmacher und ständiger Nörgler mitmischt.

> Bitte reflektieren Sie, anhand der vorigen Informationen, wie Menschen mit einem **negativen Mindset** bzw. mit einem **positiven Mindset** handeln werden.

 **Denken Sie bitte an Ihre To-Do's und Ihre Vorsätze!**

Meine Powersätze

✓ Je mehr ich mich auf mich und mein inneres Team konzentriere und mir selbst meine Bedürfnisse erfülle, umso eher haben NOCEBO-Effekte keine Macht mehr über mich.

✓ Mit der Frage **WOFÜR** finde ich stets die positive Absicht in jeder Situation und zwischenmenschlichen Herausforderungen.

6. Teil

Die Praxis-Schatztruhe

Sei gut zu dir selbst ...

oder

Wenn nicht du, wer denn sonst?

Power-Fragen am Morgen

Morgenstund hat Gold im Mund. Genau nach diesem Motto können Sie, während unserer gemeinsamen Zusammenarbeit, den Tag mit einem inneren **Frage- und Antwort-Ritual** starten. Legen Sie dieses Ritual doch einfach neben Ihre Bettablage und lesen sich diese Fragen laut vor und fühlen Sie sich ganz tief und bewusst in Ihre Antworten ein.

1. Was macht mich in meinem Leben im Moment **glücklich**?
   Was genau löst dieses Gefühl aus?
   Wie fühle ich mich dadurch?

2. Was finde ich an meinem Leben im Moment sehr **aufregend**?
   Was genau ist daran aufregend?
   Wie fühle ich mich dadurch?

3. Worauf bin ich in meinem Leben im Moment **stolz**?
   Was genau ist der Grund für diesen Stolz?
   Wie fühle ich mich dadurch?

4. Wofür bin ich in meinem Leben im Moment **dankbar**?
   Was genau macht mich dankbar?
   Wie fühle ich mich dadurch?

5. Was **genieße** ich in meinem Leben im Moment ganz besonders?
   Was genau genieße ich daran?
   Wie fühle ich mich dadurch?

6. Wofür setze ich mich in meinem Leben im Moment ganz besonders ein?
   *Was genau ist der Grund für diesen persönlichen **Einsatz**?*
   Wie fühle ich mich dadurch?

7. Wen **liebe** ich?
   Wer liebt mich?
   Wie genau drückt sich diese Liebe aus?
   Wie fühle ich mich dadurch?

Was du denkst, bist du.
Was du bist,
das strahlst du aus.
Was du ausstrahlst,
ziehst du an *Budda*

Kennen Sie das auch?

Tagesereignisse überhäufen sich, Stress und Probleme stehen Schlange und Ihre Gedanken kreisen pausenlos im Kopf und finden keine Ruhe.

Wenn ich früher so richtig Kopfkino hatte, habe ich mich dabei oft gefragt:

> *Wer denkt da eigentlich, wenn ich denke? - Bin das wirklich ich? Oder wer denkt da überhaupt?*

Ich hatte damals lange gesucht und in einem Buch über Autismus dann die Lösung gefunden:

- Ein Baby lernt Denken, indem es seine Umwelt nur beobachtet. Dabei kann es noch nicht zwischen gut und schlecht unterscheiden.
- Alles, was Eltern, Geschwister, Freunde und Kultur uns vorleben, anweisen, erlauben, verbieten etc. wird als "so ist das Leben" im Baby aufgenommen, abgespeichert und dann unreflektiert und unbewusst später in ähnlichen Situationen ausgeführt.
- Aus diesen ersten Erfahrungen und Prägungen, auch Konditionierungen genannt, entwickeln sich dann unser Selbstbild, Selbstliebe und Selbstachtung.

Fazit ⇨ unser Umfeld formt somit unser Denken!

Um hier gegensteuern zu können, finden Sie in diesem **Praxis-Teil** wertvolle Umsetzungs-Tipps.

Wenn unser Denken Kopf steht

Wir haben ständig Stimmen im Kopf, die uns irgendwelche Botschaften, Anweisungen oder alte Geschichten, Meinungen und Verhaltensregeln zuflüstern.

Manchmal bauen uns diese Stimmen auf und geben uns Kraft und Energie. Aber manchmal schaden uns diese inneren Stimmen, rauben uns Kraft und Energie und können uns auch ziemlich in unseren Handlungen blockieren.

Nie hat uns irgendjemand gesagt, dass wir diesen Stimmen im Kopf
1. nicht zuhören müssen und
2. diesen Stimmen auch nicht alles glauben brauchen!

Sicherlich kennen Sie solche Szenarien.

Folgende Szenarien in meinem Kopf, waren wohl doch nicht wahr
_____
_____
_____
_____

Wenn Kopfkino & Co. sich verselbständigen

Kopfkino ausschalten

Wenn unser Denken Kopf steht, mit zum Beispiel

- Stimmen im Kopf,
- negativen Gedanken und Gefühle, wie Wut, Ärger, Angst, Schuld und Scham
- und der Körper noch zusätzlich reagiert mit Energielosigkeit, Herzschmerzen, Magenschmerzen, Übelkeit uvm.

dann wird es allerhöchste Zeit, die folgende Selbsthilfe-Übung sofort anzuwenden und diese stets bei Bedarf ein- und umzusetzen.

Handeln Sie und stoppen Sie ganz bewusst Ihr Kopfkino, denn wenn Sie diesem Kopfkino freien Lauf lassen, stärken Sie Ihre Selbstsabotage-Mechanismen (= NOCEBO-Effekte). Dieses Kopfkino produziert außerdem noch chemische Botenstoffe in unserem Körper. Und dieser negative Gefühls- und Chemie-Cocktail lässt dann unseren Körper sozusagen nach diesen negativen Gefühlen süchtig werden. Es liegt also nun in Ihrer Hand, sich jetzt eigenverantwortlich selbst zu helfen, um raus aus Ihren Kopfkino-Schleifen, Ängsten, Grübeln etc. kommen zu können.

Sie sind der **Chef in Ihrem Kopf** und können eigene Pessimismus-Energien step-by-step in Optimismus-Energien umwandeln. Auf der nächsten Seite erkläre ich Ihnen, wie Sie Chef in Ihrem Kopf bzw. bei Ihrem Denken werden.

(1) Die Gedanken-STOPP Technik

Mit der Gedanken-STOPP Technik können Sie sofort aktives Kopfkino ausschalten.

So funktioniert die Gedanken-STOPP Technik.

Ein **negativer Gedanke überfällt Sie** und Sie bemerken es. Dann gehen Sie wie folgt vor:
- ✓ Sofort STOPP sagen (innerhalb 16 Sekunden),
- ✓ halten Sie inne und atmen Sie 3 x bewusst tief ein und aus und dann fragen Sie sich:
- ✓ *Was hat das jetzt mit mir zu tun?*
- ✓ Halten Sie inne und fragen Sie nun dem negativen Gedanken
- ✓ *Hallo, Gedanke, bist du wirklich wahr?*
- ✓ Sprechen Sie weiter mit sich (gerne auch laut): *Wie würde ich mich fühlen, wenn ich dich - du Gedanke - überhaupt nicht denken könnte?*
Spüren Sie in sich hinein, wie sich die negative Energie in Ihrem Körper sofort verändert und wie Sie sich besser fühlen!
- ✓ Oder ... *Wofür bist du Gedanke aktiv? - Was möchtest du mir wichtiges sagen?*
- ✓ Oder ... Bei einem Gedankenüberfall fragen Sie sich: *Was will ich anstatt?*

- ✓ Sie können auch einen einfachen Umschalter aktivieren, indem Sie folgendes denken: *Wofür kann ich jetzt dankbar sein?*

Unser Gehirn kann nur in eine Richtung denken

Unser Gehirn kann nur in eine Richtung denken, entweder negativ oder positiv. Beides gleichzeitig kann unser Gehirn einfach nicht!

Das passiert selbst im Alltag. Hier ein kleines Szenario:

- *Wenn Sie selbst morgens wohl gelaunt in die Firma gehen, hat Ihr Gehirn auf Schönwetter geschaltet. Wenn Ihnen dann in Ihrer Schönwetterlaune ein grimmig dreinschauender Kollege begegnet, lächeln Sie ihn an und gehen frohgelaunt weiter.*

- *Wenn Sie jedoch morgens schon aufwachen und irgendwie spüren, dass heute nicht ihr Tag ist. Jetzt sind Sie aufgefordert nun aktiv dagegen zu steuern. Sonst werden Sie den ganzen Tag Dinge erleben, bei denen Sie dann am Abend sagen können: Ich hab's doch gewusst, heute ist nicht mein Tag.*

Sie haben für diesen **Umschaltmechanismus** 16 Sekunden Zeit, um die Schlechtwetterphase sofort abzustellen. Wenn Sie diesen entscheidenden Punkt nicht erkennen, wird Ihr Gehirn seine Dunkelkammer öffnen und Ihnen nur noch unangenehme Erinnerungen, schlechte Gefühle und schädliche Vorahnungen liefern.

Nur 16 Sekunden entscheiden also, ob Sie - im Hier und Jetzt - aus Ihren guten Erinnerungen, Überzeugungen oder Handlungen, positive wichtigen Kraftquellen, Glück und Freude aktivieren können.

Lenken Sie sich ab

Wenn Sie durch eine unangenehme Situation geistig blockiert sind, bzw. Ihr Kopfkino voll aktiv ist, dann tun Sie sofort irgendetwas, was Ihnen Spaß macht! Das könnte beispielsweise sein:

- ✓ Bewegen Sie sich, gehen Sie spazieren, tanken Sie dabei viel frische Luft (am besten im Wald, in einem Park …) oder machen Sie eine Radtour, gehen Joggen oder ins Fitnessstudio,
- ✓ polieren Sie Ihr Auto oder bürsten Sie Ihren Hund (oder Katze),
- ✓ gehen Sie zum Bummeln oder backen Sie einen Kuchen,
- ✓ schenken Sie jemandem Zeit oder machen jemandem eine Freude,
- ✓ überraschen Sie Ihre Kinder mit einem Spiel oder,
- ✓ schauen (oder hören) Sie sich etwas Lustiges an oder gehen Sie ins Kino …

Hier noch ein Spezialtipp, wenn Sie sich momentan von einem belastenden Ort nicht entfernen können, wie zum Beispiel beim Vorstellungsgespräch oder in einer geschäftlichen Situation:

- ✓ Wenn Sie sitzen, platzieren Sie sich anders auf Ihrem Stuhl oder rücken Sie den Stuhl (während Sie noch darauf sitzen) etwas zur Seite
- ✓ wenn Sie stehen, machen Sie unauffällig einen Schritt zur Seite, oder nach vorne oder hinten …

Diese einfache Veränderung Ihrer Position verändert Ihren Gefühlshaushalt, weil die Energie an der alten Stelle örtlich abgespeichert worden ist. Wenn Sie also Ihre Position verändern (egal wie) sind Sie emotional aus der belastenden Ortsspeicherung draußen. So einfach geht das!

Sie können auch eine andere Veränderung, die Sie gerne mögen ausführen. Hauptsache Sie sind aktiv und verhalten sich nicht wie ein hilfloses Opfer.

Tun Sie also was immer Ihnen hilft, um raus aus dem negativen Kopfkino, Grübeln etc. kommen zu können.

Sobald Sie den Umschwung spüren, sprechen Sie laut, aber zunächst ganz sanft mit sich selbst darüber, was Sie anstelle des unerwünschten Zustandes gerne hätten.

Noch eine ganz wichtige Information zu Kopfkino

> *Ereignisse haben keine Bedeutung. Ereignisse sind einfach nur Ereignisse und die Bedeutung, die wir einem Ereignis geben, sind nur Gedanken-Konstrukte. Nichts hat jemals irgendeine Bedeutung, außer der Bedeutung, die wir einer Sache oder Situation geben.*
>
> *Und die Bedeutung, die wir den Dingen geben, lässt sich nicht aus irgendeinem Ereignis, einer Bedeutung oder Situation außerhalb meiner selbst ableiten. Also ist das Zuordnen einer Bedeutung ein ganz und gar in unserer Innenwelt alleine stattfindender Prozess.*

Alles hat also nur die Bedeutung, die ich ihr gebe!

Bitte überlegen Sie, welche Bedeutung Sie welchen Situationen geben, die für Sie momentan nicht so optimal sind.

Ich werde nun folgenden, für mich früher belastenden Situationen eine optimalere Bedeutung geben ...

Selbstvertrauen stoppt Kopfkino & Co.

Wie Sie Ihr Selbstvertrauen stärken

Das Bild, das wir von uns selbst haben, entscheidet darüber, zum Beispiel

- ob wir uns ungeliebt oder geliebt fühlen,
- ob wir liebevolle und harmonische Beziehungen haben und
- ob wir glücklich oder unglücklich sind uvm.

Mangelnde Selbstachtung zeigt sich oft, mit folgenden Emotionen

- Aggressionen, Wut sowie Eifersucht und Neid sowie
- Ängste, Unsicherheiten, Hemmungen, Depressionen, Einsamkeit uvm.

Ob jemand ein Angsthase oder mutig wie ein Löwe ist, ein Draufgänger ist oder ein Hanswurst, oder ob jemand auf der Verlierer- oder Gewinnerseite steht, hängt also ganz alleine von der Einstellung ab, die jeder über sich selbst hat!

Daher fangen wir jetzt sofort an, Ihren **Selbstwert** und Ihr **Selbstvertrauen** zu stärken. Wie das geht, zeige ich Ihnen jetzt.

Erfolge stärken Selbstvertrauen

Haben Sie sich schon jemals gelobt?

Bitte notieren Sie ganz spontan, für was Sie sich loben können? (mindestens 10 Punkte!)

_____

_____

_____

_____

_____

_____

Haben Sie spontan mindestens 10 Situationen oder Dinge finden können, für die Sie sich loben können? Wenn nein, finden Sie trotzdem welche. Vielleicht können Ihnen Freunde und Bekannte hierzu Tipps geben.

Wenn Sie nicht spontan mindestens 10 erfolgreiche Eigenschaften oder Situationen finden können, dann ist es allerhöchste Zeit, etwas daran zu ändern.

Beobachtungen aus meiner Seminar- und Bewerbungscoaching-Zeit

Das Dilemma mit den eigenen Stärken

Sobald ich mit meinen Coachees für die Bewerbungsunterlagen und für eine persönliche Vorstellung die Stärken und Kompetenzen gemeinsam erarbeiten wollte, habe ich oft gehört: *Das ist ja Angeberei bzw. dick aufgetragen ... das kann ich doch nicht in die Bewerbung mit einbringen, viel weniger im Vorstellungsgespräch sagen ...* uvm.

Ich erkläre dann: Wie waren Sie als kleiner Dreikäsehoch? Wenn Sie ein aufgewecktes Kind waren, haben Sie da nicht immer zu Mama, Papa, Familie etc. gesagt: *Mama, schau mal, ich bin der Größte ...* oder *Ich kann das schon alleine ...* Und was war meistens die Antwort von unseren Familienangehörigen: *Gib nicht so an ...* oder *prahle nicht so herum ...* oder *trage nicht so dick auf* uvm.

Auch in der Schule haben wir stets zu hören bekommen: *Sei nicht so vorlaut ..., lass die anderen auch mal dran kommen ...*

Und dann, wenn wir ins Berufsleben einsteigen, kommen die Selbstbewussten, die von sich selbst überzeugt sind, einfach schneller voran. Und diese erreichen und verdienen zudem noch wesentlich mehr!

> **Kann Eigenlob stinken?**
>
> Als ich einen Workshop mit einer Ausbildungsgruppe über Leichter lernen lernen gehalten habe, hatte ich den jungen Azubis Selbstmotivations-Techniken angeboten.
>
> Dabei hatte ich dann irgendwann gefragt: *Wie lobt ihr euch selbst?* Ich schaute in total irritierte Gesichter. *Was, sich selbst loben? Eigenlob stinkt!* ... hatte ich dann mit Entrüstung gehört.

> Ich darauf: *Wie, ihr lobt euch nicht selbst, wenn ihr etwas gut hinbekommen habt?* NEIN, wurde mir einstimmig gegen gehalten, mit der weiteren Ausführung: *Wir warten, bis uns der Chef, Arbeitskollege oder der Kunde lobt, oder wenn wir Likes in den sozialen Netzwerken bekommen.*
> Total irritiert hatte ich dann gefragt: *Und was macht ihr dann, wenn ihr kein Lob von denen bekommt?* - Große Stille. *Dann seid ihr doch ständig auf das Lob der Anderen angewiesen?* - Die Antwort war dann einstimmig: *Ja. Wie soll es sonst gehen?*

Was meinen Sie dazu? - Selbstbestimmte Menschen sind nicht auf das Lob der Anderen angewiesen. Bei diesem Fishing for compliments tun Menschen Dinge, die sie oft sonst nicht so tun würden, nur um ein Lob zu bekommen.

Ein selbstbewusster Mensch freut sich über ein ehrliches Lob. Er ist jedoch nicht davon abhängig, weil er selbst weiß, was er kann und was er will und welche Wirkung er auf andere hat.

Beantworten Sie bitte die folgenden Fragen, so ausführlich wie möglich:

Wie lobe ich mich selbst?
_____
_____
_____
_____

Was mache ich, dass mich andere loben?
_____
_____
_____
_____

Wie gehe ich mit Lob von anderen um?
_____
_____
_____
_____

Wie verhalte ich mich, wenn ich ein Kompliment bekomme? Kann ich es annehmen und würdigen?
_____
_____
_____
_____

Bin ich eventuell von Lob abhängig?
_____

Motivieren Sie sich schriftlich mit einem Erfolgs-Tagebuch

Mindestens fünf Gründe sprechen dafür, warum es für Sie Sinn machen kann, ab sofort ein Erfolgs-Tagebuch zu führen:

1. Grund = sich selbst motivieren
Selbstzweifel werden mit jedem Eintrag in Ihrem Erfolgs-Tagebuch deutlich minimiert

2. Grund = sich selbst coachen
Jeder schriftliche Eintrag zeigt Ihnen, dass Sie den täglichen Herausforderungen gewachsen sind. Auch bei innerem Widerstand können Sie Ihre innere Chef-Power aktivieren und sich selbst motivieren. Besonders bei emotionalen Tiefs können Sie sich selbst mit Ihren Erfolgseinträgen wieder motivieren und sehen, was Sie alles schon Erfolgreiches geschafft haben.

3. Grund = den Fokus auf Selbstwirksamkeit
Gerade, wenn alte Selbstsabotage-Programme in Ihrem Kopf, Sie mit Zweifel und negativen Stimmen klein machen wollen, sehen Sie in Ihrem Erfolgs-Tagebuch schwarz auf weiß, dass Sie sich selbst erfolgreich führen können!

4. Grund = sich mit zwischendurch Feiern belohnen
Hin und wieder können Sie sich für Ihre Disziplin und Erfolge belohnen, zum Beispiel mit einem Wellness-Wochenende, Sauna, Shopping-Tour, Kinoabend etc.

5. Grund = eigenes Selbstvertrauen steigern

Ab sofort sind Sie nicht mehr auf das Lob anderer angewiesen, weil Sie wissen, was Sie tagtäglich erfolgreich leisten und umsetzen. Fishing for compliments ist endgültig vorbei.

Ihr Erfolgs-Tagebuch für jeden Tag

Material: Kaufen Sie sich ein schönes **Spiralbuch** oder **Ordner** (DINA 5 oder auch DIN A4, evtl. blanko, kariert oder liniert) oder mein, für Sie extra entwickeltes, ***Selbsthilfe- & Motivations-Notizbuch***

Ausführung: Am besten schreiben Sie jeden Abend in Ihr Erfolgs-Tagebuch fünf Dinge auf, die Ihnen besonders gut gelungen sind.

Mögliche Fragen, die Sie sich bei Ihren Erfolgs-Tagebuch Eintragungen stellen und beantworten können:

✓ Was ist mir heute gut gelungen?
✓ Wo habe ich heute Verantwortung übernommen?
✓ Was habe ich heute gut und gerne erledigt?
✓ Habe ich heute mein Tagesziel erreicht und dabei meine Talente und Fähigkeiten voll eingesetzt?
✓ Wie habe ich heute gesprochen, und wie habe ich Anderen zugehört?

- ✓ Was habe ich heute für meine Gesundheit und Beziehungen unternommen?
- ✓ Was habe ich heute gelernt?
- ✓ Wie zufrieden bin ich mit mir, was möchte ich noch verbessern?
- ✓ Wen habe ich heute aufgebaut?
- ✓ Wen habe ich heute glücklich gemacht?
- ✓ Wer hat mir heute ein Kompliment gemacht?
- ✓ Wie habe ich mich heute selbst gelobt?
- ✓ Was habe ich meinem Körper Gutes getan?
- ✓ Wie erfolgreich habe ich mich, gerade bei einem Fehler, unterstützt und für mich selbst liebevoll gesorgt?

Und jetzt viel Spaß und Erfolg!

Wie fühlen Sie sich gerade jetzt. Gerade fühle ich mich:

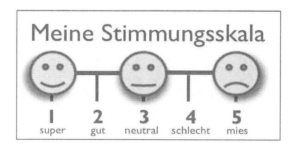

(bitte eine Ziffer oben auswählen und hier notieren) _____

Ihre beste Investition in Ihre Zukunft
Mein Selbsthilfe- & Motivations-Notizbuch

Dankbarkeit stärkt Ihr Selbstvertrauen und macht automatisch glücklich

Dankbarkeit ist das Gefühl,
wenn sich das Herz erinnert
(Laura Seiler)

Das Wörtchen **DANKE** (verbunden mit einer dankbaren Lebenseinstellung) kann in Ihrem Leben wahre Wunder bewirken und besitzt magische Kräfte.

Lassen Sie uns bitte einen kleinen Dankbarkeits-TEST machen:

☺ ja, immer / 😐 gelegentlich / ☹ nein

Einmal ganz ehrlich …	☺	😐	☹
Sind Sie dafür dankbar, dass Sie am Leben sind?			
Sind Sie dankbar für Ihren Körper, egal wie er sich momentan mit all seinen evtl. Unvollkommenheiten und Wehwehchen zeigt?			
Sind Sie dankbar für Ihre Lebensform, auch wenn nicht alles Ihren Vorstellungen entspricht?			
Sind Sie dankbar dafür, dass Sie einen Beruf lernen konnten und schon gute Arbeit geleistet haben?			
Sind Sie dankbar für Ihre früheren Arbeitsstellen, auch wenn Sie manchmal Stress und Meinungsverschiedenheiten usw. hatten?			

Dankbarkeit - der Turbo-Problemlöser

"Nichts ist selbstverständlich ..., sagt der Profi-Rennfahrer, als er aus seinem brennenden Rennwagen aussteigt - und er sich kein Härchen gekrümmt hat ..."

Kennen Sie das auch? Erst wenn man etwas Liebes nicht mehr hat oder nicht bekommt, erkennt man leider, welchen Wert er oder sie oder es hatte.

Vor nicht allzu langer Zeit war es noch selbstverständlich, dass man für Speis und Trank gedankt hat oder dass man Kindern noch beigebracht hat "Bitte" und "Danke" zu sagen.

Inspirationen für mehr Dankbarkeit

Dankbarkeit ist eine (fast) vergessene innere Haltung. Um dankbar zu sein, brauchen wir nicht zu warten, bis die Dinge perfekt sind oder bis uns etwas ganz besonderes Positives widerfährt.

Sondern genau im Gegenteil:
Dankbarkeit ist weniger eine Reaktion auf ein positives Umfeld, sondern eine Haltung, die wir im Laufe der Zeit verinnerlichen und die zu einer **Leitschnur** in unserem Leben werden kann.

Dankbar sein, macht uns offener für die Geschenke des Lebens. Und je dankbarer wir sind, desto mehr entdecken wir, worüber wir noch dankbarer sein können.

Sei dankbar für wenig und du wirst viel finden
(nigerianisches Sprichwort)

Die Wissenschaft der Dankbarkeit

Auszüge und Ergebnisse aus dem Buch von Robert Emmons "Vom Glück dankbar zu sein"

Dankbare Menschen ...

- ✓ erfahren ein höheres Maß an positiven Emotionen, wie Freude, Begeisterung, Liebe, Glück und Optimismus,
- ✓ sind seltener negativen Gefühlen, wie Neid, Groll, Gier und Bitterkeit ausgesetzt,
- ✓ kommen besser mit dem Alltagsstress klar,
- ✓ erholen sich deutlich schneller von Erkrankungen, da ihr Immunsystem stabiler ist und sie eine robustere Gesundheit haben

Die Magie der Dankbarkeit ...

... bereichert das menschliche Leben ... wirkt erhebend und gibt viel Energie ... inspiriert und verwandelt Menschen ... gibt dem Leben einen Sinn!

> *Fünf Dinge, für die ich jetzt in diesem Augenblick dankbar bin ...*
> _____
> _____
> _____

Beispiele, wofür Sie weiter dankbar sein können ...

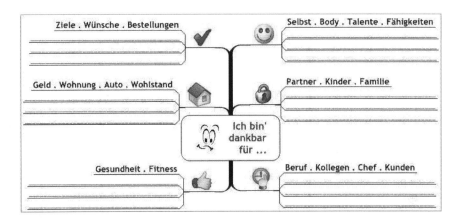

Fallen Ihnen hierzu noch andere Bereiche ein? Sie können täglich entweder für jeden einzelnen Bereich oder für alle Bereiche dankbar sein.

Denken Sie wieder bitte daran: Schreiben verstärkt Ihre Dankbarkeits-Energie. Und Sie aktivieren damit einen Dankbarkeits-Kreislauf der Ihnen wieder viele Alltagssituationen schenkt, für die Sie weiter dankbar sein können usw.

Die goldenen Regeln

Sie werden spüren, wenn Sie sich mehr und mehr an diese goldenen Regeln in Ihrem Leben halten, wie gut Sie sich dabei fühlen werden.

Die goldenen Regeln

Ich denke von DIR, wie ich wünsche, dass DU über mich denkst.

Ich spreche von DIR, wie ich möchte, dass DU über mich sprichst.

Ich handle DIR gegenüber so, wie ich wünsche, dass DU es mir gegenüber tust.

Sicherlich stimmen Sie mir zu, dass es gar nicht so einfach ist, sich an diese goldenen Regeln zu halten.

Gerade bei der mittleren Regel = Ich spreche von Dir, wie ich möchte, dass Du über mich sprichst ... passiert es im Alltag doch sehr schnell, dass wir doch wieder über andere geredet haben.

Hier ein kleiner Tipp:
Wenn Sie in der Familie, mit Bekannten und/oder Arbeitskollegen feststellen, dass über eine dritte Person, die nicht anwesend ist, gesprochen wird, Sie sich abwenden und sich einfach heraus halten, oder Sie über die abwesende Person nur so reden, was diese jederzeit auch hören kann und sie ihr das auch jederzeit persönlich sagen würden.

Meine Selbstverpflichtung!

Ich verpflichte mich zu ...

_____

_____

_____

Wer ist für meine Gefühle verantwortlich?

Kennen Sie auch Situationen, in denen Sie schlecht gelaunt sind, weil ein Kollege nicht zuverlässig war, oder Sie einfach einen schlechten Tag haben?

Kommen wir dann nicht leicht in Versuchung, dass wir uns ebenfalls selbst schlecht fühlen oder andere beschuldigen, dass sie uns die gute Laune verdorben haben oder so ähnlich?

- ✓ **Das macht uns frei!**
  - ✓ Gleichzeitig bringt es uns in die **Eigenverantwortung**.
  - ✓ Wenn wir dann wissen, wie wir unsere **Gedanken und Gefühle** mehr und mehr alleine **steuern** können, werden wir **CHEF in unserem Kopf und in unserem Leben!**

Sei dir selbst dein eigener Mut-Macher!

Sich selbst gut zureden

Überlegen Sie bitte einmal, was Sie überwiegend zu sich selbst sagen und notieren Sie dies in kurzen Stichworten

Ich spreche folgendermaßen mit mir selbst ...

Wir reden ständig mit uns selbst, bewusst oder unbewusst. Mit **REDEN** meine ich auch die Stimmen, die wir im Kopf hören. Gerade jetzt, bei der Jobsuche zum Wunschberuf, ist es ganz besonders wichtig, dass Sie gut mit sich selbst reden.

Fakt ist einfach: Je mehr negatives Kopfkino Sie haben werden, umso mehr Negatives wird Ihnen auch passieren. Und je mehr Sie einen positiven, Mut machenden und aufbauenden Zukunftsfilm im Kopf haben, umso mehr freudige Überraschungen und Ereignisse werden Sie beglücken!

Mit den folgenden Tipps lernen Sie Ihr Gehirn bzw. Ihre Gedanken immer und immer wieder in eine positive Richtung zu lenken. Und wenn Sie sich wieder einmal ertappen sollten, dass Sie negative Gedanken überfallen haben, dann sagen Sie zu sich selbst sofort

Stopp!

Und dann fangen Sie an, mit sich selbst ganz bewusst positiv und aufbauend zu reden.

Innere negative Gespräche mit einem positiven Powersatz umleiten

Sie haben sich also dabei ertappt, dass innere negative Gespräche oder Gedanken Sie überfallen haben.
Leiten Sie Ihren inneren Dialog um und sprechen Sie einen der zwei folgenden Powersätze:

> **Nichts und Niemand hat Macht über mich!**

oder

> **Mit jedem Tag und in jeder Hinsicht geht es mir besser, besser und besser**

Sprechen Sie einen dieser Sätze, bis Sie feststellen, dass Ihr Kopf auf Ruhe und Entspannung umschaltet.

Wenn also das Kopfkino Sie überfällt oder einfach zu heftig wird und Sie sich Angst und Sorgen über Ihre berufliche Zukunft machen, dann fangen Sie sofort an, mit sich selbst motivierend zu sprechen.

Vielleicht reden Sie schon länger mit sich in einem befehlenden und strengen Tonfall, dann stellen Sie sich doch bitte vor, Sie würden zu Ihrer besten Freundin, oder Freund, oder einem Kind reden.

Also sanftes Zureden - sofort!
Hier ein paar Beispiele

- *Alles wird wieder gut.*
- *Alles wendet sich zum Besseren.*
- *Du bist sicher und geborgen und so wird es auch immer sein.*
- *Du gehörst dazu und du darfst so sein, wie du bist.*
- *Du kannst mit deinem Beitrag für deinen Wunschberuf vielen Menschen Gutes tun und helfen.*

Mit den Inhalten der zuvor beschriebenen **Energie-Sätze, der Gedanken-Stopp Technik** *und* **Was will ich an statt** *uvm. können Sie sich mit* **sanftem Zureden Mut machen** *bzw.* **motivieren!**

Loben Sie sich selbst

Auf Seite 288 haben wir schon miteinander über das Loben und deren Vorteile reflektiert.

Ein ehrliches Selbstlob tut immer gut. Wenn Sie nicht von anderen gelobt werden, dann loben Sie sich doch einfach selbst. Dadurch können Sie sich immer mehr selbst vertrauen und automatisch selbstbewusster werden. Weiter können Sie mit Ihrem Eigenlob **sofort** negatives Kopfkino abschalten.

Also Selbstlob - ständig und immer!

Hier ein paar Beispiele:

- *Ich bin stolz auf das, was ich bisher erreicht habe (Ausbildung, Studium, Beruf, Familie etc.).*
- *Ich habe bis jetzt immer optimale Lösungen gefunden.*
- *Ich bin kreativ (lustig, humorvoll ...).*
- *Ich kann besonders gut (motivieren, beschwichtigen, kochen ...).*
- *Ich bin ein guter Mitarbeiter (Mutter, Vater, Sohn, Tochter ...).*
- *Ich habe eine tolle Ausstrahlung (Menschen sind gerne in meinem Umfeld).*
- *Ich gehe mit meinem Mitmenschen respektvoll, achtsam und wertschätzend um ...*

Hier können Sie auch all Ihre Talente und Fähigkeiten etc., oder auch Rückmeldungen Ihrer Familie und Freunde, mit einbeziehen. Loben Sie einfach, was Ihnen in den Sinn kommt. Und jetzt legen Sie so richtig los. **Loben Sie sich!!**

 **Denken Sie bitte an Ihre To-Do's und Ihre Vorsätze!**

Meine Powersätze

✓ Ich finde es toll, dass ich jetzt so eine große Auswahl an praktischen Selbsthilfeanleitungen habe.

✓ Es ist meine feste Absicht, dass ich ab sofort mir selbst helfe und aktiv der Chef in meinem Leben bin. Trotz alledem, weiß ich, dass ich mir stets kompetenten Rat einholen kann.

Mein Körper meine wichtigste Kraftquelle …

Körperkraft & Co. stärken

Sicherlich kennen Sie auch die Geschichte von Charlie Brown mit Sally *(aus Copyright-Gründen kann ich die vier Cartoon-Bilder mit den Sprechblasen leider nicht einfügen).*

Bitte stellen Sie sich die Szenen bildlich vor.

> *Charlie steht mit hängenden Schultern und gesenktem Kopf auf einer Wiese. Charlie bemerkt, dass Sally hinter ihm steht. Mit leiser und gepresster Stimme sagt Charlie: "So stehe ich, wenn ich deprimiert bin." Sally schaut bedenklich zu Charlie. Charlie dreht sich um zu Sally, dabei steht er immer noch mit hängenden Schultern und hängendem Kopf da und schaut sie kurz an. Wieder mit hängendem Kopf und sagt er langsam und quälend zu ihr: "Wenn du deprimiert bis, ist es ungeheuer wichtig, eine ganz bestimmte Haltung einzunehmen ..." Ruckartig nimmt er eine aufrechte Haltung an, schaut gen Himmel und erklärt: "Das Verkehrteste, was du tun kannst, ist aufrecht und mit erhobenem Kopf dazustehen, weil du dich dann sofort besser fühlst." Sally beobachtet Charlie weiter. Charlie fährt fort, nimmt wieder seine gebückte Haltung mit gesenktem Kopf ein und laminiert: "Wenn du also etwas von deiner Niedergeschlagenheit haben willst, dann musst du unbedingt so dastehen!"*

Führen Sie diese Übung doch bitte einmal selbst aus. Sie werden sicherlich selbst feststellen, wie sich Ihre Körperhaltung auf Ihre Stimmung auswirkt bzw. ob Sie dadurch gute oder schlechte Gefühle haben werden.

Achten Sie bewusst auf Ihre Körperhaltung

Unser Körper ist ein Lebewesen mit einer ganz eigenen Sprache und Dynamik. Das beweist auch die nonverbale Kommunikation, bei der sich Gestik und Mimik sogar auf die Gesprächsteilnehmer und den Inhalt des Gesprächs auswirken. Diese Körperbewegungen bzw. auch Körperreaktionen laufen jedoch überwiegend unbewusst ab. Daher achten Sie gerade jetzt auf eine aufrechte Körperhaltung.

- Egal ob Sie sitzen, stehen oder laufen, nehmen Sie ganz bewusst eine aufrechte Körperhaltung an:
  Stellen Sie sich dabei vor, Sie werden von Ihrer Kopfdecke aus von einem unsichtbaren Band nach oben gezogen. Dabei wird Ihr Rücken automatisch ganz gerade und aufrecht. Strecken Sie nun Ihre Brust raus und automatisch halten Sie Ihre Schultern höher. Atmen Sie dabei ganz bewusst mehrmals langsam tief ein und aus.
- Wenn Sie Wut und Ärger spüren reagiert Ihr Körper automatisch mit Anspannung, besonders im Kiefer- und Oberkörperbereich:
  Lösen Sie diese Anspannung auf, indem Sie Ihre schon angespannten Gesichtsmuskeln ganz bewusst noch stärker anspannen. Spannen Sie gleichzeitig Ihren ganzen Körper noch stärker an. Machen Sie zusätzlich noch Fäuste. Halten Sie die ganze Körperspannung (also Kiefer, Gesichtsmuskeln, Oberkörper und Fäuste) ganz bewusst einige Sekunden an und dann lassen dann sämtliche Muskeln locker. Lächeln Sie, schütteln Sie Ihren Körper und besonders die Hände aus. Sie werden diesen Augenblick der Entspannung spüren und als wohltuend genießen.

Bitte beachten Sie folgenden Zusammenhang:
Je entspannter Ihre Körperhaltung ist,
desto entspannter wird Ihr Denken!

Die Kraft in unseren Fingern

Die folgende **3-Finger-Methode** beruht auf uralten Traditionen und Überlieferungen aus Asien, Indien und dem alten Yoga sowie alten Kulturen und Religionen. Diese **3-Finger-Methode** symbolisiert eine meditative Konzentration bzw. Einheit von Körper, Geist und Seele. Das Zusammenschließen der drei Finger vereinigt dabei:

1 x Wunsch mit 1 x Überzeugung und 1 x Erwartung

Anleitung für die 3-Finger-Methode

- *Führen Sie bitte die Spitzen Ihrer Finger = Daumen, Zeigefinger und Mittelfinger zusammen (siehe Foto).*
- *Spüren Sie den Druck Ihrer drei zusammen gefügten Fingerspitzen.*
- *Fühlen Sie in Ihre Fingerspitzen hinein und stellen Sie fest, wie Ihre Fingerspitzen wärmer werden; vielleicht spüren Sie dort sogar ein leichtes Pulsieren.*
- *Während Sie nun Ihre drei Finger leicht zusammen pressen, können Sie, die Absichten und Wünsche, die ich für Sie auf der folgenden Liste aufgeführt habe, verstärken.*
- *Wenn Sie nach kurzer Zeit mit der 3-Finger-Methode fertig sind, lösen Sie bitte den Druck auf Ihre drei Fingerspitzen auf.*

Je mehr Sie an die Wirkung der **3-Finger-Methode** glauben, umso schneller wird auch das Gewünschte eintreffen können!

Bei folgenden Situationen hilft die **3-Finger-Methode** punktgenau und schnell, wenn Sie ...

- ✓ mehr Energie benötigen, um schnell vitaler und leistungsfähiger sein zu können
- ✓ etwas vergessen oder verloren haben, oder Sie sich schneller an eine wichtige Info, Nummer etc. erinnern möchten
- ✓ besonders im Unterricht, bei einem Vortrag oder Seminar konzentriert zuhören möchten oder Sie besonders aufmerksam sein müssen
- ✓ unerwünschte Gefühle, wie Wut, Ärger, Angst, Schuld, Scham, Trauer etc. nicht haben möchten
- ✓ einen Text lesen und diesen besser im Gedächtnis behalten möchten
- ✓ den Namen einer Person nicht gleich parat haben
- ✓ Ihre Zunge zügeln möchten, um sich besser unter Kontrolle zu haben
- ✓ vor Menschen sprechen sollen und Sie sehr nervös sind
- ✓ sich bei einem Vorwurf rechtfertigen wollen
- ✓ positive Gefühle intensiver wahrnehmen möchten
- ✓ ein unbewusstes Gefühl, tief in Ihrem Inneren, klären wollen
- ✓ aufkommende Kopfschmerzen, Energielosigkeit etc. lindern wollen
- ✓ "brenzlige", schwierige oder herausfordernde Situationen leichter lösen bzw. meistern wollen

Hierbei gibt es keine Einschränkungen. Testen Sie einfach, wie schnell und wirkungsvoll Ihnen die **3-Finger-Methode** kostenfrei (!) und sofort helfen kann. Sie müssen jedoch nur, in einer entsprechenden Situation an die 3-Finger-Methode denken!

Bewegung in frischer Luft

Egal, wie das Wetter sein mag, gehen Sie so oft wie möglich raus an die frische Luft, besonders wenn Sie sich gut fühlen wollen oder am liebsten niemanden sehen möchten bzw. sich in Ihrer Wohnung verkriechen wollen.

Mit der **Zauberkraft der Natur** kommen Sie ganz automatisch aus negativem Kopfkino und Lustlosigkeit heraus! Diese Zauberkraft kann jedoch nur wirken, wenn Sie folgendes beachten:

- *lassen Sie dabei Handy & Co. zu Hause*
- *ziehen Sie sich dem Wetter angepasst an*
- *gehen Sie in einen Park oder Wald oder nehmen einen Feldweg* (fern von stark befahrenen Straßen)

Beobachten Sie bei Ihrem Spaziergang ganz bewusst, abwechselnd rechts und links von sich aus die Landschaft, die Tiere, lauschen der Vogelstimmen, dem Wasserplätschern etc. Konzentrieren Sie sich auf die Natur und wie Sie immer mehr ein Teil der Natur werden. Vielleicht mögen Sie dabei zu sich selbst sagen:

Ich bin auch ein Teil der Natur.
Ich bin sicher und geborgen.
Alles ist gut, alles entwickelt sich zu meinem Besten.

Lächeln - so tun als ob ...

Schon alleine, wenn wir die Mundwinkel nach unten ziehen, produziert unser Körper Stress- und Trauerhormone.

Wenn wir jedoch die Mundwinkel nach oben ziehen, bekommt unser Gehirn die Nachricht, dass es uns Freudehormone produzieren soll. Daher nutzen wir diesen (wissenschaftlich bestätigten) Mechanismus ab sofort für unsere innere Freude.

Auch wenn es Ihnen vielleicht gerade absolut nicht nach Lächeln zumute ist, machen Sie bitte die folgende Übung (gerne auch kombiniert mit einem Spaziergang oder mit Sport im Freien, oder auch ungestört evtl. sogar auf der Toilette):

- *Vergewissern Sie sich, dass Sie niemand beobachten kann,*
- *ziehen Sie Ihre Mundwinkel nach oben (auch wenn es wie eine Grimasse aussehen mag und Sie sich dabei vollkommen blöde vorkommen),*
- *halten Sie Ihre Mundwinkel weiter nach oben (ca. 3 bis 5 Minuten),*
- *und Sie werden spüren, dass Ihr Körper, wie gewünscht, Ihnen Freudehormone ausschüttet.*

**Sie können diese Lächel-Übung so oft und
so lange wie möglich ausführen!**

Die Mini-Max-Methode

Maximieren Sie **Energie-Geber** und minimieren Sie **Energie-Räuber**. Was meine ich damit? Gerade jetzt benötigt Ihr Körper dringend gesunde Energie! Achten Sie also in dieser herausfordernden Zeit besonders auf eine gesunde Ernährung.

Schreiben Sie bitte hier einmal spontan auf, was Sie in der Regel zu den verschiedenen Tageszeiten essen:

Zeit	Ernährung
morgens	
zwischendurch	
mittags	
zwischendurch	
abends	
zwischendurch	

Nun vergleichen Sie Ihre vorigen Nahrungsangaben mit der jetzt folgenden Tabelle. Hier sehen Sie, welche Nahrung Ihrem Körper Energie schenkt oder Ihrem Körper nur Energie raubt!

Energie-Geber	Energie-Räuber
Obst	Kaffee
Salat	Cola und Limonaden
Gemüse (evtl. leicht gedünstet)	Fleisch und Wurst
fettarme Kost	Alkohol
Smoothies (ohne Zuckerzusatz)	fast food
Vollkorn-Brote bzw. Dinkelbrot	Toastbrot, Weizen-/Weißbrot
Trockenobst	Kuchen & Co.
Nüsse	Süßigkeiten, Pralinen, Eis
Honig, Stevia (nicht vom Supermarkt)	Haushaltszucker

Vielleicht wollen Sie in dieser Tabelle alles markieren, was Sie regelmäßig zu sich nehmen und dann prüfen, ob Sie daran etwas ändern möchten. Wenn Sie nur die Nahrungsmittel aus der linken Spalte essen, dann gratuliere ich Ihnen. Sie haben die richtigen Weichen gestellt, um gesund alt werden zu können.

Sind Sie mit mir auch einer Meinung, wenn ich sage: Die Nahrung ist dazu da, um unserem Körper Energie zu schenken. Jedoch muss unser Körper, mit einer konventionellen Ernährung, zusätzlich körpereigene Energie aufwenden, um diese Speisen verdauen zu können. Und das wird für uns langfristige Folgen haben.

Der kleine Power-FIT-Essen Test

Testen Sie sich einmal selbst, wenn Sie reichhaltig gegessen haben. Wie fühlen Sie sich nach dem Essen?

> Wenn Sie sich nach dem Essen schlapp und müde fühlen, dann muss Ihr Körper körpereigene Energie aufwenden, um das zugeführte Essen überhaupt verwerten zu können?

> Wenn Sie sich jedoch nach dem Essen top fit fühlen und Sie voller Tatendrang sind, dann haben Sie Ihrem Körper wirkliche Powernahrungs-Energie zugeführt. **Wie es ja eigentlich nach jeder Nahrungsaufnahme doch sein sollte!**

Grundsätzliche Power-FIT Essensregeln

- Trinken vor dem Essen ist erlaubt (besonders wenn Sie abnehmen möchten); jedoch ist Trinken solange Sie essen und bis ca. 1 Stunde danach für Ihr Verdauungssystem eher schädlich
- Essen gründlich kauen und so wenig wie möglich dabei reden, TV sehen, lesen oder Handy spielen etc.
- konzentrieren Sie sich auf das, was Sie gerade essen
- vielleicht wollen Sie auch für dieses Essen dankbar sein (Menschen in Not wären froh darüber!)
- essen Sie viel frische Früchte, Gemüse, Sprossen, Nüsse und Salate
- Obst nur auf leeren Magen essen (also wenn Ihr Verdauungstrakt frei ist, zum Beispiel am besten morgens nur Obst essen - kein Müsli, Brot etc.)
- meiden Sie chemische Zusätze bzw. Geschmacksverstärker sowie Haushaltszucker (Süßigkeiten & Co.)
- minimieren Sie drastisch Ihren Brot-, Kuchen- und Nudel-Konsum
- Sie können stets Obst oder einen Obstsalat anstatt einer Mittagsmahlzeit essen
- **Wichtig:** Essen Sie niemals nach einer Hauptmahlzeit Obst als Nachtisch!

- ersetzen Sie schrittweise Milchprodukte durch Sojamilch, Reismilch, Hafermilch, Mandelmilch, Sojajoghurt uvm.
- essen Sie viel rohe Nüsse und Frischsprossen > diese enthalten natürliche Quellen wie Kalzium, Mineralien, Vitamine, Spurenelemente und gesunde Fette und kosten kein zusätzliches Geld

> **Einfache Essensregel ...**
> *Wächst es, dann iss es,*
> *wächst es nicht, dann lass es sein!*

Bewegung - Meine Selbstverpflichtung

Hiermit verpflichte ich mich, mich mehr zu bewegen und werde deshalb ab sofort regelmäßig ...

_____

_____

_____

Ernährung - Meine Selbstverpflichtung

Verzichten auf ...

Hiermit verpflichte ich mich, mich gesünder zu ernähren und werde ab sofort verzichten auf ...

_____

_____

_____

_____

Fokus auf Gesundes ...

Hiermit verpflichte ich mich, mich gesünder zu ernähren und werde ab sofort mehr essen, von ...

_____

_____

_____

_____

5-Stufen zur Ernährungs-Umstellung

Ernähren wir uns überhaupt artgerecht? Kein frei lebendes Tier würde sich so ungesund ernähren, wie wir Menschen es tagtäglich tun. Wir Menschen haben uns im Laufe der Zeit so weit weg von einer gesunden Ernährungsweise entwickelt. Obwohl gesunde Ernährung in aller Munde ist und die Lebensmittelindustrie damit viel Geld macht, steigt die Anzahl der ernährungsbedingten Krankheiten. In keinem Bereich gibt es so viele unterschiedliche Experten-Aussagen, dass der normale Verbraucher fast nicht mehr weiß, wem er glauben kann.

Vermeiden Sie LEBENS-Mittel zu verarbeiten. Hitze ist dabei der größte LEBENS-Killer. Die meisten Vitalstoffe aus unseren LEBENS-Mitteln werden ab 38°C abgetötet. So bekommt unser Körper nicht genug Energie.

Auch wenn Sie beschließen, sich ab sofort gesünder zu ernähren, wird Ihr Körper seine alten "Schadstoffe" vehement einfordern. Der Körper ist nämlich danach süchtig. Testen Sie doch einfach die folgende **5-Stufen Ernährungs-Umstellungs-Methode**. So können Sie ganz einfach und sanft Ihrem Körper signalisieren, dass Sie ihm nur noch Energie-Kost liefern werden.

In den Stufen ① bis Stufen ③ werden Sie evtl. feststellen, dass Ihr Körper seine alte Ernährungsgewohnheiten einfordert. Jetzt bleiben Sie bitte eisern. Machen Sie sich nun bewusst, dass Ihre Ernährungsweise einfach nur eine angelernte Gewohnheit ist

und meist schon in der Kindheit so angelegt worden ist. Jede Gewohnheit kann jedoch innerhalb 21 Tagen gelöscht werden!
Ab der Stufe ④ schaltet sich dann Ihre körpereigene (= somatische) Intelligenz ein und unterstützt Sie aktiv bei der Umstellung. Denn unser Körper ist immer auf **Wohlbefinden** und **Gesundsein** ausgerichtet!

⑤	Sie haben nun ein besseres Körpergefühl entwickelt. Jetzt können Sie sich von Stufe ① bis ④ selbst lösen bzw. Ihre Ernährung mit der 80:20 Regel optimieren (80 % Energie-Kost + ca. 20 % Schlemmerei-Kost siehe Energieräuber-Kost) *Ihr energievolles und gesundes Lebensgefühl: Sie wissen nun, dass Sie Ihren Körper (mit all seinen Gelüsten) gesund halten und Ihren Wohlfühlfaktor selbst steuern können.*
④	Nach diesen 2 Wochen gehen Sie über zur Stufe ⑤. Sie behalten aus Stufe ③ Ihre Ernährungsweise weiter bei. *Ihre Lebensqualität festigt sich und Sie werden noch motivierter und offener für Ihre neue Essens- und Lebensqualität.*
③	Versuchen Sie jetzt 2 Wochen lang auf Fleisch, Wurst, Milchprodukte, Fertiggerichte, Zucker und fette Speisen zu verzichten. *Ihre neue Lebensqualität: Sie werden ruhiger, ausgeglichener, Sie sehen einiges Positiver, Ihre Körperintelligenz unterstützt Sie, indem alte Gelüste verschwinden.*
②	Nahrungsmittel aus Stufe ① reduzieren Sie ganz bewusst. Wenn Sie täglich z. B. Wurst gegessen haben, essen Sie jetzt nur noch jeden 2. Tag, dann nur noch 3 x die Woche etc. - parallel dazu essen Sie mehr Obst, Salat, Gemüse und Nüsse (also unverarbeitete Rohkost!) *Ihre Lebensqualität nun: Sie werden feststellen, dass Sie sich jetzt zunehmend wohler fühlen. Sie bekommen Gelüste auf mehr Rohkost.*
①	Sie essen noch regelmäßig Fleisch, Wurst, Milchprodukte, fetthaltige Speichen, Kuchen, Süßigkeiten uvm. *Ihre Lebensqualität dadurch: zeitweises Unwohlsein, Gelenk- und Magenschmerzen, Übergewicht, Energiemangel, evtl. Diabetes sowie Stress, Frustrationen, Ärger, Wut, Mutlosigkeit, Ängste, Manipulation uvm.*

Denken Sie bitte an Ihre To-Do's und Ihre Vorsätze!

Meine Powersätze

✓ Weil ich nur diesen einzigen Körper habe, werde ich mich ab sofort gesund ernähren und mich körperlich fit halten.

✓ Es ist meine feste Absicht, dass ich meine energieraubenden Essensgewohnheiten und Verhaltensweisen sowie Medienkonsum (TV, Handy, PC etc.) step-by-step reduziere.

> Wenn die anderen glauben,
> man ist am Ende, so muss
> man erst richtig anfangen
> *Konrad Adenauer*

Unsere gemeinsame Reise

Wir sind nun fast am Ziel!

Sie können sich gar nicht vorstellen, mit wieviel Freude und Begeisterung ich Ihnen hier meine jahrelangen Erfahrungen aufgeschrieben habe. Auch beim wiederholten Überarbeiten verspüre ich, wie Sie ganz einfach bei all Ihren Zukunftsplänen und Projekten, Chef in Ihrem eigenen Leben sein können.

Mein allergrößter Wunsch ist, dass Sie sich wirklich stark und selbstbestimmt mit Ihrem Wunschberuf, bei Ihrem idealen Unternehmen, verwirklichen können.

Hierzu haben Sie nun, mit meinem **Selbsthilfe-Buch** und **Notiz-Buch**, von mir ganz viel Wissen und Know-how, gespickt mit vielen Selbsthilfe-Anleitungen, bekommen.

Ich hätte Ihnen noch viel mehr schreiben können. Nur denke ich, dass die über 300 Seiten vorerst einmal genug sind. Wenn Sie parallel dazu mit dem Selbsthilfe- & Motivations-Notizbuch arbeiten, werden Sie die ideale Ausstrahlung haben und genau das anziehen, was Sie sich wünschen und auf jeden Fall verdient haben.

Weil mir Ihre BeRUFung, Ihr Glück und Ihr Erfolg wichtig sind

Meine Zusatzangebote für Sie, während Ihrer Jobsuche

(1)	Bewerbungsunterlagen Check
	Wollen Sie sich sicher sein, ob Ihre Bewerbungsunterlagen auch den gewünschten Erfolg bringen? Dann prüfe ich gerne Ihre Bewerbungsunterlagen und zeige Ihnen, was Sie noch optimieren können. Hierbei werde ich Sie auch auf verdeckte Sabotage-Mechanismen hinweisen. Parallel dazu können wir gemeinsam, ganz auf Ihre persönliche Situation abgestimmt, Ihre optimale Bewerbungsstrategie entwickeln.
(2)	Kennen Sie Ihre wahre BeRUFung?
	Wenn Sie sich nicht ganz so sicher sind, dann lassen Sie uns gemeinsam, mit meiner ganzheitlichen BeRUFungs-Beratung Ihre Potenziale aufdecken. Meine 5er-Potenzial-Entwicklungsmethode schafft Ihnen Klarheit für Ihre wahre BeRUFung und Selbstverwirklichung
(3)	Individual Einzel-Coaching
	Sie möchten eine starke Begleitung, einen Mentor und Motivator, während Ihrer Jobsuche? Dann unterstütze ich Sie gerne mit all meinen jahrelangen Erfahrungen und dem richtigen Riecher, wo wir punktgenau und zielgerichtet vorankommen können. Mit den folgenden Angeboten begleite ich Sie gerne: ✓ telefonisch und/oder per E-Mail ✓ persönlich und/oder Online (face-to-face!)

Meine weiteren Angebote für Ihren Erfolg

(4)	Psychologisches Einzel-Coaching
	Wenn Sie das Gefühl haben, dass unbewusste Selbstsabotage-Mechanismen Ihre berufliche Karriere bzw. auch Ihr Privatleben blockieren, helfe ich Ihnen, diese aufzulösen.
(5)	Zur Spiegelübung bzw. zur optimalen Vorbereitung
	Gerne übe ich mit Ihnen mögliche Vorstellungssituationen wie z. B. persönlich, oder als Video-Konferenz, oder telefonisch uvm.
(6)	Online Farb- und Stilberatung = face-to-face
	Gemeinsam (er-)schaffen wir Ihren professionell-perfekten **Ersten Eindruck**!

Wünschen Sie zu den vorgenannten fünf Angeboten weitere kostenfreie Informationen über Vorgehensweise und Preise, dann schicken Sie mir doch bitte kurz eine E-Mail. Ich garantiere Ihnen, dass Ihre Daten von mir nicht an Dritte weitergegeben und absolut diskret behandelt werden.

info@psychisch-zukunftsfit.de
oder
monika.harder@t-online.de

Noch ein Angebot für Ihren Traum-Job

Ich zeige Ihnen, wie Sie 80 % mehr Chancen haben für Ihren Traum-Beruf ...

Planen Sie Ihre Selbstvermarktung auf dem Stellenmarkt ganz gezielt und punktgenau. Damit erhöhen Sie Ihre Einstellungs-Chancen und auch Ihre Wahlmöglichkeiten! Mit meiner

Profi BLIND-Bewerbungs-Selbstvermarktungs-Strategie

nimmt Sie Ihr zukünftiges Wunschunternehmen konkurrenzlos und positiv wahr. Sie sind der Einzige und zur rechten Zeit am richtigen Ort und können frei wählen, welches Unternehmen zu Ihnen passt! Sie bestimmen die Regeln - Zug um Zug ...

Wie das geht, erfahren Sie in diesem Kurz-Video.
https://youtu.be/xKM7MjrCEik

Mein Geschenk für Sie

Wenn Sie das **komplette Bücher-SET** gekauft haben:

1 x Selbsthilfe-Buch   *1 x Notiz-Buch*

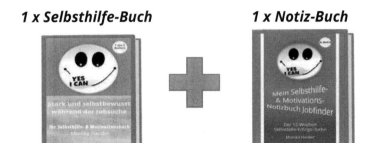

Dann bekommen Sie das **JOB-FIT mind-set-movie Video** incl. Notizbuch als E-Book (im Wert von 19,90 €) von mir geschenkt.

Schicken Sie mir einfach Ihre zwei Bestellbestätigungen zu und Sie erhalten umgehend das versprochene **mind-set-movie** Video mit einer Bedienungsanleitung und dem Vertiefungs-E-Book!

Wir bleiben in Kontakt

Wenn Sie Fragen oder Tipps benötigen, dann tauschen Sie sich mit mir und meinen Lesern gerne auf unserer Facebook-Seite aus:

https://www.facebook.com/Psychisch-Zukunftsfit-936896556701288/

Dirk und ich freuen uns, wenn jeder Mensch stark und selbstbestimmt, als Chef seines Lebens leben kann. Wir wünschen uns außerdem, dass jeder Mensch seine BeRUFung sinnvoll ausleben kann.

Was, gerade in der heutigen Zeit, wichtiger denn je ist – und wofür wir uns einsetzen – ist die ...

Freiheit und **Selbstbestimmung** für unsere Psyche mit **Change Nocebo** und **Neustart** im Kopf!

Link-Liste

  Auf unserer Online-Akademie können Sie sich mit unseren ca. 14 kostenfreien Info-Vorträgen ganz unverbindlich über die Auswirkungen von Selbstsabotage-Mechanismen in den unterschiedlichsten Lebensbereichen informieren:
https://www.edudip.com/a/22460

Unsere kostenfreien **BLOG-Beiträge** können Sie gerne lesen unter:
https://psychisch-zukunftsfit.blogspot.com/

 Möchten Sie lernen, Ihre Zukunft aktiv selbst zu gestalten, mit diesem Link erfahren Sie mehr über unsere einzigartigen

mind-set-movies

https://www.mind-set-movies.de

Nutzen Sie unseren kostenfreien monatlichen Infoservice für Ihre psychische FITNESS:

Sie erhalten von uns - alles rund um unsere psychischen Alltags-Herausforderungen im Beruf und Privat. Und wie uns Selbstsabotage-Mechanismen dabei blockieren können. Diese Infos packen wir ein in
- *kleine Lehrvideos, e-books und sonstige Informationen, verbunden mit Praxis-Tipps für Ihre starke und selbstbewusste psychische Zukunfts-Fitness uvm.*
- *Als kleines DANKESCHÖN erhalten Sie unser Selbsthilfe e-book: Mit der Gedanken-STOP-Technik ... Chef im eigenen Kopf!*

www.psychisch-zukunftsfit.de

Für Ihre Notizen

Viel Glück und ganz viel Erfolg

Sie haben jetzt den Schlüssel für Ihre berufliche und private Selbstbestimmung und für Ihre Wunscherfüllung in der Hand.

Machen Sie etwas daraus, in dem Sie einfach **TUN** und **Ihrem Leben vertrauen** ...

Ich freue mich riesig, wenn Sie mir Ihre Erfolgsgeschichte, wie Sie, mit meinen Informationen und Praxis-Tipps Ihren Wunschberuf bei Ihrem idealen Unternehmen bekommen haben.

Kennen Sie Menschen in Ihrem Umfeld, denen eine Kündigung droht oder die gerade arbeitssuchend sind oder sich beruflich neu orientieren wollen bzw. müssen? Dann freue ich mich, wenn Sie dieser Person mein Bücher-Kombi-SET weiter empfehlen.

Ihre
Monika Harder

www.psychisch-zukunftsfit.de
monika.harder@t-online.de

Printed in Poland
by Amazon Fulfillment
Poland Sp. z o.o., Wrocław